海事请求保全制度研究

南海燕◎著

 郑州大学出版社

图书在版编目(CIP)数据

海事请求保全制度研究 / 南海燕著. — 郑州：郑州大学出版社，2024.5
ISBN 978-7-5773-0355-0

Ⅰ.①海…　Ⅱ.①南…　Ⅲ.①海事处理－诉讼程序－研究－中国
Ⅳ.①D997.3

中国国家版本馆 CIP 数据核字(2024)第 094185 号

海事请求保全制度研究

HAISHI QINGQIU BAOQUAN ZHIDU YANJIU

策划编辑	孙理达	封面设计	苏永生
责任编辑	张卫明	版式设计	苏永生
责任校对	陈　思	责任监制	李瑞卿

出版发行	郑州大学出版社	地　　址	郑州市大学路 40 号(450052)
出 版 人	孙保营	网　　址	http://www.zzup.cn
经　　销	全国新华书店	发行电话	0371-66966070
印　　刷	郑州宁昌印务有限公司		
开　　本	710 mm×1 010 mm　1 / 16		
印　　张	10	字　　数	200 千字
版　　次	2024 年 5 月第 1 版	印　　次	2024 年 5 月第 1 次印刷

| 书　　号 | ISBN 978-7-5773-0355-0 | 定　　价 | 48.00 元 |

作者简介

　　南海燕,女,汉族,法学博士,河南工业大学法学院副教授、硕士研究生导师。研究方向为国际法、海商法,主要讲授国际经济法(双语)、海商法等课程。中国粮食经济学会理事、河南省法学会国际法研究会常务理事、河南省法学会农业与农村法治研究会常务理事。近年来主持、完成省部级课题 3 项、厅级课题 3 项。参编《民事诉讼法·海事诉讼特别程序篇》著作 1 部,主编《国际经济法》教材 1 部。在《河北法学》《领导科学》《河南工业大学学报》等刊物上发表学术论文 20 余篇。

目录
Contents

引　言

一、论题缘起与研究范围

海事请求保全是各国民事或海事程序法上不可或缺的重要法律制度。然而一方面由于各国的这一制度在称谓、保全方式、措施类型等方面存在较大差异,因而未能形成国际海事领域普遍认可的定义;另一方面,尽管不同国家、不同国际组织和不同学者从不同角度来定义海事请求保全,但都体现了对海事请求人海事请求的临时性保护和救济。

在我国,海事请求保全是海商法领域里最具海事特色、内涵十分丰富的重大课题①,也是《中华人民共和国海事诉讼特别程序法》(以下简称《海诉法》)的重要内容。与世界海运强国和海商海事法先进的国家不同,我国的海事请求保全"舶来"的特征很明显。它是借鉴《中

---

① 金正佳、翁子明:《海事请求保全专论》,大连海事大学出版社,1996年版,第1页。

华人民共和国民事诉讼法》中财产保全、船舶扣押国际公约、国际惯例的产物,先进性、国际性明显,体系性较差,远未本土化。在现行《海诉法》中,海事请求保全虽占据重要地位,但各项措施规定零散、重复,未体现严谨、高效的立法技术,更不具备制度应有的完善体系。在司法实践中,由于海事实务发展迅速,《海诉法》在运行二十几年后日益呈现出与海运实践不相适应的状况,加之没有系统性海事请求保全制度的理论指导,各海事请求保全措施未能有机互动和配合,导致海事案件解决的低效和不公。

论题基于海事请求保全在海事诉讼中的重要作用和我国在这一制度中存在的理论和实践问题,力求在前人研究的基础上继续探究海事请求保全制度的相关问题,挖掘其精神实质和价值追求,寻找其本源和给养土壤,探究其内涵的体系架构,完善其卓越而先进的程序规则和程序保障,更好地服务于我国的海运实践。

海事请求保全有广义和狭义之分。狭义仅指《海诉法》中对海事请求的规定,本书讨论的海事请求保全为:针对涉海、船、事即与海域和航海相关的一切事务的海事请求进行的诉(仲裁)前、诉(仲裁)中保全。本书对海事请求制度的构建包括对以下内容的解析:相关制度概念、理论渊源、价值、特性、管辖权、保全措施、措施程序等。涉及的法律包括民法、民事诉讼法、海商法、海事诉讼特别程序法及相关司法解释。本书对海事请求保全制度的构建虽然借鉴了英美法系对物诉讼及临时性海事保全措施的规定,但从整体和本质而言,还是遵循大陆法系的立法精神和传统,所以,本书对海事请求保全制度的研究是在大陆法系的语境下展开的。

二、论题背景

对海事请求的临时性保护是世界各国普遍承认的法律原则。在海事领域,除船舶航行于世界海洋、停泊于各国港口外,与海事请求相关的当事人、财产及各类案件标的也位于不同国家,在英美法系主要国家,海事请求保全制度主要由对物扣押令、海事扣押令、各种禁令等海事保全措施及对物诉讼和对人诉讼等制度构成;在大陆法系主要国家,海事请求保全制度主要由财产扣押令、禁令、暂时阻止令、假扣押、假处分等措施构成;在国际条约和文件中,《1952 年扣船公约》及《1999 年扣船公约》构成其主要国际法规范。

国外学者对海事请求保全制度的研究大多比较零散,多是就某一具体措施或法令的适用范围、条件、具体程序的研究。如英国著名海事法专家 D. C. Jackson 在《海事请求的执行》中从临时性保全措施对当事人的有利性出发,把临时性保全措施分为支持原告的措施和支持被告的措施;并就临时性海事保全措施的管辖根据做了详细分析。L. Collins 在《国际海事诉讼中的临时性保护措施》一书中把保全措施的功效阐释为"防止暴力性的自力救济";详细分析了马瑞瓦禁令的申请条件和适用范围,并认为其作用在于填补了英国法中由于缺乏大陆法系国家诉前财产扣留制度所存在的法律漏洞;在海事临时性保全措施的管辖权问题上,他认为当事人之间订立的管辖权选择条款并不能排除其他法院的保全管辖,保全管辖法院可以因保全管辖而取得对海事请求案件实质问题的管辖。Axel Bosch 在《国际商事仲裁中的临时性救济制度》中对临时性救济措施进行了详细的分类,认为临时性救济措施申请中的证据提交有使海事纠纷得到迅速解决或和解的作用,并坚持对临时性救济措施性质认定的重要性。加拿大著名海商法专家 William Tetley 在其著作《国际海商法》中剖析了英美对物诉讼制度及其与管辖权的关系,并对英美法系和大陆法系中主要的海事保全措施进行了介绍。

在国内,1996 年大连海事法院法官金正佳、翁子明编写了国内第一部系统研究海事请求保全的专著《海事请求保全专论》,而其他学者则着重对海事请求保全的具体措施进行了理论、立法和司法实践方面的研究。《海事请求保全专论》完成于《海诉法》出台前,对我国海事请求保全的理论研究和立法起了重要作用。该书重点介绍了海事财产保全和行为保全,建议将行为保全纳入海事请求保全。在具体海事请求保全措施的研究中,香港著名海事法专家杨良宜在《禁令》中对各种禁令在海事领域的应用进行了深入研究;外交学院贺万忠教授在《国际海事诉讼法》中比较了两大法系中各种临时性保全措施;中国政法大学张丽英教授在《船舶扣押及相关法律问题研究》中对船舶扣押相关问题进行了系统分析。

三、论题意义

(一)理论意义

基于海事请求保全在各国及国际海事立法和实践中的重要作用,国内外许多学者对其进行了立法和司法研究,然而,构建完善的海事请求保全制度的研究仍然很薄弱。在理论建设上,海事请求保全制度的构建需要明确以下问题:海事请求保全的概念、理论渊源、体系归属、价值、特性、管辖权、保全措施、措施程序。对以上问题的厘清,在理论上的意义如下:

1. 拓宽传统海事请求保全的研究视野,深化海事请求保全理论

通过对海事请求保全措施对象的拓展,促进海事请求保全措施的完整性建立,可以拓宽传统海事请求保全的研究视野。从我国海事司法实践出发研究这一问题,使理论研究扎根于现实土壤之上,有利于"舶来"之制度的本土化,深化海事请求保全理论。

2. 有利于促进我国海事请求保全体系的合理构建

对海事请求保全制度的研究和构建属海事程序法的新课题,本书的观点能起抛砖引玉之作用,为以后此制度的进一步完善和发展贡献一孔之见。

迄今为止,由于我国海事法律理论界对海事请求保全制度还缺乏系统、全面的研究,因而,以海事请求保全制度这一海事诉讼程序法的重要内容为研究课题在我国具有较大的理论意义。

(二) 实践意义

适应海事司法实践的发展及《海诉法》对海事请求保全修改的需要是本论题重要的实践意义。

1. 论题可为实务界提供系统、科学合理和高效的海事请求保全程序规则

在现有财产保全措施外,把行为保全、证据保全和人身保全归入海事请求保全体系,按照措施序列和统一的程序规则处理海事请求保全案件,对于更有效、高效地维护海事请求人的利益和公平对待被请求人的权利有着重要价值,对于海事法院高效办理海事请求保全案件和节约司法资源有重要意义。

2. 论题可为我国《海诉法》的修改完善提供参考意见

在新的国际海运公约《鹿特丹规则》通过和我国《海诉法》运行 23 年海事司法实践发展的重大国际、国内背景下,此论题的研究对于我国《海诉法》中海事请求保全的修改完善有着重要的立法参考意义。

四、研究路径与方法

论题通过对海事请求保全制度中的基本概念、渊源及体系归属、价值、特性的分析梳理出了这一制度的理论基础,进而通过措施先导——管辖权的研究建构出这一制度的管辖权原则,然后通过对制度相关措施的国际比较找出借鉴依据,最后针对我国在这一制度措施上的立法和司法实践中存在的问题提出具体的完善建议并对我国海事请求保全制度体系的构建提出设想方案。

论题的研究涉及历史学、社会学、经济学及法学的一些研究方法和知识的综合运用。如对临时性海事请求保全措施在英国的缘起和发展进程的研究与描述,涉及了相关历史学知识与研究方法的运用;在对海事请求保全制度价值的分析中,运用了社会学的方法对公平和效率价值的社会财富及正义总值最大化的综合成因进行分析;对船舶扣押措施中"活扣押"公平和效率的拟定数据分析采用了经济学的分析方法;对管辖权及措施程序的论证则借助了法学的研究方法。

论题的研究方法还涉及比较分析法、案例分析法及实证分析法。如对两大法系海事请求保全措施的对比研究,对"桂北渔"案、"恒裕"轮南非被扣案的解析,对"活扣船"的社会实证分析均是对上述方法的运用。

第一章

海事请求保全制度概述

▌第一节　海事请求保全含义解析

一、海事

自人类有史以来,通过海洋进行商旅活动的脚步就从未停歇。从公元前 9 世纪地中海东海岸精明的商人和航海家罗德人、腓尼基人的航海贸易和《罗得法》到中国最早的海外贸易志《诸藩志》[①];从郑和下西洋播撒东方文化到哥伦布开辟新大陆传播西方文明;从"海上马车夫"——荷兰新航路的开辟、"日不落帝国"——英国伴随海外贸易进行殖民扩张而建立的现代资本主义商业文

---

① 中国古代的海外贸易始于汉朝,兴盛于隋唐,到两宋达到鼎盛。《诸藩志》是我国已知最早的海外贸易专著,由南宋台州赵汝适编著。

明到清政府的禁海锁国；从1950年我国进出口总值仅11.35亿美元到2021年进出口贸易总额近6700亿美元①，世界贸易史的兴衰变迁无不与海洋这个神秘而亲切的伙伴有着直接而密切的渊源，世界海运的发展使人类社会通过商品交换和思想交流变得更加绚丽多彩。

与海上活动相伴而生的是无法避免且多如繁星的纠纷、事故以及各种纷繁复杂的与海、船、事相关的关系，这就是海商和海事关系。

自从国际海事组织以及我国海事局、海事法院、海事仲裁委员会、《海诉法》甚至海事大学的名称中广泛采用"海事"一词以来，"海事"一词已经成为一个广泛适用的术语。

在我国，"海事"一词的含义有狭义和广义之分。狭义的"海事"指海上事故、海损事故、海难事故、海上交通事故或船舶交通事故。海上事故泛指船舶在海上航行、作业或者停泊中所发生的诸如碰撞、搁浅、触礁、火灾、沉没等事故；海损事故突出事故造成的船舶、其他财产的损失或人员的伤亡；海难事故强调事故导致重大的船舶、其他财产的损失或人员的伤亡；海上交通事故和船舶交通事故指船舶、设施在我国沿海水域发生的海上交通事故。这些称谓共性表现为船舶在海上或其他可航水域发生事故，导致船舶、其他财产的损失或人员的伤亡。

在我国，1983年9月2日第六届全国人大常委会第二次会议通过《中华人民共和国海上交通安全法》（以下简称《海上交通安全法》）以及1986年《中华人民共和国内河交通安全管理条例》（以下简称《内河交通安全管理条例》）颁布以前，水上交通安全管理规章中多使用"海损事故"一词，指船舶在海上和内陆可航水域（包括港口）航行或者停泊时发生的各种事故。此后，发生在海上的事故统称为海上交通事故，习惯上简称"海事"；发生在内陆通航水域中的事故称为内河交通事故。《海上交通安全法》中使用"交通事故"一词，即"船舶、设施发生的交通事故"。根据《海上交通安全法》，经国务院1990年1月11日批准，交通部于同年3月3日发布了《中华人民共和国海上交通事故调查处理条例》（以下简称《海上交通事故调查处理条例》）。该条例第4条规定，海上交通事故是指船舶、设施发生的下列事故：碰撞、触碰或者浪损；触礁或者搁浅；火灾或者爆炸；沉没；在航行中发生影响适航性能的机件或者重要属具的损坏或者灭失；其他引起财产损失和人身伤亡的海上交通事故。

1990年6月16日交通部发布的《船舶交通事故统计规则》第3条规定，船

---

① 中华人民共和国国家统计局，访问日期：2023年4月20日。http://www.stats.gov.cn/sj/ndsj/2022/indexch.htm

舶交通事故是指船舶发生碰撞、搁浅、触礁、触损、浪损、风灾、火灾及其他造成财产和营业损失、人身伤亡的交通事故,但不包括船舶污染事故、船员工伤和失足落水事故,以及船舶上发生的船员、旅客自杀或者他杀事故等。

由此可见,我国有关水上交通安全的法律、条例和规章对"交通事故"范围的规定不尽相同,但这种不同并非在"交通事故"含义上具有实质性的不同,而只是表明各自调整范围上的差异。

广义的海事指涉海、船、事之事务。海指海洋和通海水域,船指船舶和其他海上运输工具,事指与海和船相关的人类行为。

经常与海事相伴出现的是海商。"海事"一词与"海商"一词有联系也有区别。"海商"和"海事"这两个词在《布莱克法律词典》中可分别用"Admiralty"和"Maritime"相互替换,相应的调节海商海事关系的法律就是"Admiralty Law"和"Maritime Law"。也就是说,在普通法系中海商法和海事法的概念是通用的,许多海商法教科书索性以"Maritime and Admiralty Law"命名[1]。加拿大海商法学者台特雷认为,就其渊源来看,"Maritime Law"更多的是属于大陆法系,而"Admiralty Law"在具有英美法系传统的同时也具有大陆法系的渊源。由此可见,英美法系中海事和海商已无太多区分的意义,只是基于对传统的尊重同时保留了两种称谓而已。

在我国,"海商"与"海事"还是有区别的。"海商"是海上商业活动的简称,在内涵的理解上也有狭义和广义之分。狭义的"海商"是指海上运输关系和船舶关系以及海上货物或者旅客运输合同、海上拖航合同、船舶租用合同、海上保险合同等行为;广义的"海商"是指所有海上运输或其他与船舶有关的商业活动。我国海事法院中设置海事庭和海商庭,其中海事法院中的"海事"是广义上的"海事",而海事庭中的"海事"和海商庭中"海商"均在狭义上使用。我国《海诉法》第 21 条所列的"海事请求",既包括狭义的海事请求,如有关海难救助、船舶对环境造成的损害、沉船打捞清除、共同海损等的请求,也包括狭义的"海商"意义上的海事请求,如有关船舶的使用或者租用的协议、海上货物运输或者旅客运输的协议、船舶买卖合同等的请求。《海商法》的调整范围,既包括船舶碰撞、海难救助、共同海损、海事赔偿责任限制等狭义的"海事"的内容,也包括海上货物或者旅客运输合同、海上拖航合同、船舶租用合同、海上保险合同等狭义的"海商"内容。由此可见,无论单独从"海事"一词上理解,还是从"海事"一词与"海商"一词的关系上理解,狭义"海事"或者"海商"一词的内涵并不具有多大

---

[1] [加]威廉·台特雷:《国际海商法》,张永坚等译,法律出版社,2005 年版,第 1 页。

的应然性,而是取决于实际需要或者习惯叫法,即具有较为突出的实然性。①

广义的"海商"和广义的"海事"谁包含谁,谁的范围更大,在学界存在争论。② 与商业无关或与商业有关但与海无关者均不属于海商,而海事不仅包括平等主体之间的海商关系所涉事项,还包括海事行政纵向关系所涉事项。笔者认为广义"海事"范围大于海商。广义的海事包括狭义的海事和海商。对于海事范围本书采用海事广义观点的认定,涉海、船、事即与海域和航海相关的一切事务。

二、海事请求

海事请求是研究海事请求保全法律制度的先导。海事请求在《中华人民共和国海商法》(以下简称《海商法》)、《海诉法》以及相关司法解释中是经常出现的海事法律术语。定义是理论认识的工具,如何给海事请求下一个权威的定义?国内外的法律法规以及海商法教科书上均未给出明确统一的规定。

有学者认为,海事请求又称海事索赔,是由货物、船舶的损失、灭失、海洋油污等事故中的受损方向有关责任方提出的赔偿请求。该请求可能依据双方订立的合同,也可能依据某一方的侵权行为。③ 有学者定义为,海事请求是指与海运船舶的建造、买卖、租赁、营运、操作、救助和船舶所有权、抵押权、留置权以及船舶优先权有关的或者因此产生的赔偿请求的权利。④ 也有学者这样认为:海事请求,是指涉及或发生于与船舶的所有、占有、管理、营运、建造、买卖、救助、抵押、质押以及与船舶优先权有关的海事争议所产生的索赔请求权。⑤ 根据我国《海商法》第1条的规定,海商法调整的法律关系的客体为"海上运输关系、船舶关系",我们可以这样理解,基于任何海上运输关系和船舶关系而提出的请求都可以称之为海事请求,此为海商法意义下的海事请求;但依照我国《海诉法》的相关规定,只有特定事由引起的特定请求才可以称之为海事请求,此为海诉法意义下的海事请求。

海事请求在许多国家(英国、美国、澳大利亚、南非等国)直接体现为海事诉讼管辖权,只要能启动法院管辖的请求都为海事请求,除此并无其他专门规定。

---

① 胡正良主编:《海事法》,北京大学出版社,2009年版,第1-2页。
② "对广义海商法,其法律属性目前有较大争议"。参见司玉琢主编:《海商法》,法律出版社,2003年版,第1页。
③ 佟柔主编:《中华法学大词典》,中国检察出版社,1995年版,第276页。
④ 司玉琢主编:《海商法大词典》,人民交通出版社,1998年版,第690页。
⑤ 金正佳、翁子明:《海事请求保全专论》,大连海事大学出版社,1996年版,第3页。

在国际公约中,1952 年《统一扣押海运船舶若干规定的国际公约》(以下简称《1952 年扣船公约》)、《1999 年扣船公约》都采用了概括表述及列举的方式说明海事请求,扣船国际公约在更大程度上也可理解为"扣船方式下的管辖权"①。由于海事诉讼管辖权问题直接涉及海事请求保全的形态和范围,后有专门论述,在此不再赘述。

在国际公约及我国国内立法中海事请求多以封闭式或开放式的方式定义,《1952 年扣船公约》仅列举 17 项海事争议事由引起的请求,未作定义说明。此规定是大陆法系国家与英美法系国家相互妥协的产物。大陆法系国家认为,基于任何请求都可以申请扣押船舶;英美法系国家认为,仅仅那些具有海事诉因的特定请求才可以申请扣押船舶。《1999 年扣船公约》把海事请求的范围扩大为22 项,采取开放式的定义方式,但不是先定义后列举,而是单纯采用列举的方式,并在最后以"兜底项"囊括其他海事请求。在我国《海诉法》中,"海事请求"这一术语的出现大都与扣船联系在一起,以致很多人认为,海事请求是专门为扣押船舶设置的事由请求。实则不然。《海商法》以及《海诉法》在船舶优先权、海事强制令、海事证据保全等规定中均有涉及。所以,海事请求的范围要比扣押船舶需要具备的海事请求大得多。《1999 年扣船公约》制定后,为与其保持一致,我国《海诉法》在海事请求的定义方式上,也采用了列举为主、开放式规定为辅的做法。在 22 项可申请扣船的海事请求中,第 4 项中的规定"……以及与本项所指的性质类似的损害、费用或者损失"就具有开放式意味。

综上,海事请求从广义上讲,应包括一切能够启动海事管辖事由的请求,它的具体界限是模糊的;狭义看是符合各国内法中关于海事诉讼程序的具体请求,它的项目是清晰而具体的。不同国家由于法律传统和文化的不同,海事请求的内涵和外延在不同国家体现各异。依笔者的观点,海事请求是指基于海事管辖范围内的海事事由产生的对于责任主体的要求。

三、保全

保全,又称民事保全或财产保全,顾名思义"保护使之安全"②,系属民法范畴的概念。从民事诉讼法的含义理解,是法院采取强制性措施,限制被请求人的财产、行为,保障民事权利人的请求得以顺利执行的手段。它是一种强制性的保全措施,也是一种特殊的诉讼程序。民事保全的目的在于保证判决顺利执行,使

① ［加］威廉·台特雷:《国际海商法》,张永坚等译,法律出版社,2005 年版,第 344 页。
② 金正佳、翁子明:《海事请求保全专论》,大连海事大学出版社,1996 年版,第 222 页。

当事人合法权益的维护具备现实的可操作性。

1989 年以前,日本的民事保全制度散见于《日本民事诉讼法》与《日本民事执行法》的"假扣押与假处分",1989 年 12 月实施的《日本民事保全法》使两程序合二为一,称作"民事保全"。① 该法第 1 条规定,民事保全指"为保全实现民事诉讼的本案权利的假扣押、有关系争物的假处分以及为确定民事诉讼的本案权利关系临时地位的假处分"的总称。②日本民事诉讼法学界也把民事保全称为"保全诉讼""保全处分"。

英美法系国家的"临时性救济"措施和大陆法系的"民事保全"措施含义大体一致,《美国联邦民事诉讼规则》第 8 章、《英国民事诉讼规则》第 25 章都对临时性救济措施作了详尽规定,其外延要比大陆法系中的保全程序更广。③ 其中只有扣押、临时性限制命令、预备性禁令、中间禁令等命令或禁令与大陆法系保全程序的假扣押和假处分内涵相类似,也可分为"判决的保全"和"现状的保全"④,其救济措施的对象不但包括债务人的财产及人身,还包括债务人的行为,目的与民事保全无异。

我国台湾地区"强制执行法"第 136 条规定:"假扣押之执行,除本章有规定外,是关于动产、不动产、船舶及航空器执行之规定。"

海事请求保全中"保全"与民事诉讼法中的财产"保全"有类似之处,但在概念的内涵和外延上又有本质的不同。民诉法财产保全中被保全财产范围只限于与本案有关的财物,而海事请求保全的财产保全中,被保全的财产有时要远远大于申请人所要求的担保数额。除财产外,海事请求保全措施所"保全"的对象还包括行为、证据及人身。具体内容后有详述。

总之,同为"保全"二字,海事请求保全在范围上要大过民事保全,也有其独特的内涵。海事请求保全中"保全"意为:海事法院为保障海事请求的顺利实现

---

① 日本于 1989 年 12 月 22 日实施的民事保全法,将原保留规定在民事诉讼法第六编的假扣押、假处分的审判程序删除移出,同时将民事执行法第三章所规定的假扣押、假处分的执行程序也删除移出,将两者合并制定了民事保全法,开创了民事保全程序独立于民诉法典的先河。

② 《日本新民事诉讼法》,白绿铉译,中国法制出版社,2000 年版,第 267 页。

③ 除了严格意义上的保全程序或措施外,美国的临时救济措施还包括临时接管、产权未决通知、取回动产的占有、民事拘留以及中间判决等;英国的临时救济措施还包括:中期裁判、保管、冻结令、搜查令、证据开示命令、中期付款命令等。

④ [美] Stephen N. Subrin, Martha L. Minow S. Brodin, Thomas O. Main:《民事诉讼法——原理、实务与运作环境》,傅郁林等译,中国政法大学出版社 2004 年版,第 84 页。

而对海事请求所涉及的财产及其他事项采取的司法强制干预手段。

四、海事请求保全

海事请求保全是独具中国特色的海事司法制度,是我国《海商法》及《海诉法》和相关司法解释中特有的称谓,散见于《海商法》第二章船舶优先权部分,以及《海诉法》第三、四、五、六章部分。在《海诉法》诞生之前,并未有"海事请求保全"这一称谓。"海事请求保全"这一称谓起源于《1999 年扣船公约》,在《海诉法》制定期间,适逢《1999 年扣船公约》的起草,公约的第 1、2、3、5、7 条中"海事请求"这一词组,及"保全海事请求"这一动宾结构短语,给了当时起草《海诉法》的专家启示,并结合《民事诉讼法》创设了一项有中国特色的制度——海事请求保全制度。①

同为保全海事请求的法律,两大法系不同国家和地区称谓不同,甚至定性也不同。英国的马瑞瓦禁令;英美及英联邦国家的对物诉讼;德国、日本和我国台湾地区的"假扣押、假执行"中都有保全海事请求的具体制度。《海诉法》中,海事请求保全约占全部内容的三分之一,足以显示海事请求保全在海事诉讼中的重要位置。根据《海诉法》第 12 条规定,海事请求保全是指海事法院根据海事请求人的申请,为保障其海事请求的实现,对被请求人的财产所采取的强制措施。根据《海诉法》第三章第 12 条到第 20 条对海事请求保全的规定,一般规定后仅有船舶的扣押与拍卖和船载货物的扣押与拍卖两节,这会让人认为,海事请求保全只包括扣押船舶与扣押船载货物两种,扣船是为了保护货方的利益,扣货是为了保护船方的利益。这种分析不无道理,至少与《海诉法》的规定大体"形似",但"海事请求保全"是以海事请求为基础而采取的保全措施,措施对象的范围仅限船舶和船载货物吗?

根据前述分析,海事为涉"海""船"之事,海事请求为事关海事事由之请求,保全意为临时性、救济性、强制性的法律程序,那么海事请求保全的范围理应不仅仅限于船舶和船载货物。早在《海诉法》还未出台的 1996 年,有学者就提出海事请求保全应对"被申请人的财产或行为"②进行保全。那么,海事请求保全措施的对象范围是什么是本书要研究的重点内容之一。

在海事请求保全制度的研究中,保全措施是其制度中的重要组成部分,除此

---

① 参见最高人民法院副院长李国光 1999 年 8 月 24 日在第九届全国人民代表大会常务委员会第十一次会议所作的《关于〈中华人民共和国海事诉讼特别程序法〉(草案)的说明》的报告。

② 金正佳、翁子明:《海事请求保全专论》,大连海事大学出版社,1996 年版,第 13 页。

之外,海事请求保全制度还包括海事请求保全的体系构建、价值评价等理论问题。

第二节　海事请求保全制度的理论起源与体系归属

众所周知,法律只有体系化,才能有效地贯彻。任何法律都不是尽善尽美且一劳永逸的,一部现行法律从时代的发展变化、立法时所依据的客观条件的变化、立法技术等方面来说,都会存在诸多自身无法解决的问题。如不能厘清其理论渊源,实践中出现问题之时就没有任何法源依据或理论支持,这对于此法律的系统发展是不利的,当下的实践问题也无法得到圆满解决。那么,如何为海事请求保全制度划定合理的体系依归呢?

一、民法对海商法的理论给养

此标题下的海商法采用世界范围内海商法的概念。正如前文所述,英美法系国家"海商法"与"海事法"只是具体适用称谓不同,具有很大模糊性。

海商法被很多学者认为是民法的特别法[①],理由大体如下:海商法调整的法律关系的属性决定了海商法属民事法律范畴;海商法同民法有共同的制度根基——民法的基本原则;海商法的许多制度源于英美法,但均可用大陆法的民法基本原则,阐释其海上运输关系和船舶关系。[②] 但是也有学者对《海商法》的这种属性感到担忧,认为民法与海商法互为基础,不能认为民法是海商法的母法,因为在民法尚无规定相关制度(如"先取特权")时,《海商法》就已经确定了船舶优先权制度。在早些年我国制定民法典的高呼声中,《合同法》的规则就被用来对《海商法》进行重新审视和评估,"本以为稳定的海商法的阵脚被撼动了",且大有新近民事法律对《海商法》指手画脚之意。而司法实践中出现的此类现象也同样引起了学者的思考,"司法实践中更存在一种趋势,就是在《海商法》278 条中找不到答案,就一转身冲到民法那头去,这种趋势的扩大化和后果不能

---

① 司玉琢:《海商法专论》,中国人民大学出版社,2007 年版,第 7 页。王千华、白越先主编:《海商法》,中山大学出版社,2003 年版,第 3 页。张丽英、邢海宝:《海商法教程》,首都经济贸易出版社,2002 年版,第 4 页。

② 司玉琢:《海商法专论》,中国人民大学出版社,2007 年版,第 7 页。

不令人忧虑"。① 凡此种种,催生了"《海商法》为'非常特别的特别法'"②的说法。学界对《海商法》的法律体系属性的这些争论,使笔者产生了对《海商法》的程序规则之《海诉法》的重要内容——海事请求保全制度之理论渊源及体系归属的思考。《海诉法》作为《海商法》的程序规则,可以看作《海商法》这一法律部门的一部分,所以,通过分析民法与《海商法》的渊源可以进一步认识民法与《海诉法》的关联。

民法法系对海商法和海事法的发展主要贡献在于它收集、保存并发展了古代海事习惯法而形成了跨国海商法。③ 民法法系非常重视法典化,将法律体系中通用而优秀的原则统一安排在一个系统框架内,民法法系就将此运用到了海事习惯法中。在法典编纂中再把某些法律特点注入这些惯例,而后补充进某些原则,从而形成前所未有的海商法的书面渊源。通过查阅这些渊源,各国的法官们再结合当地的实践补充进当地适用的惯例,而他们以后作出的判决又会被载入后世的法典,这些法则又会被加入当地的元素而做出新的调整。所以,民法法系的精神和重要原则推动了海商法向世界各地的传播,也促进了海商法本身的发展和全球化的进程。

(一)罗马法

习惯维持惯例的罗马人创设了世界上最早的海商法典,沿用至今。公元534 年的《查士丁尼法律汇编》被认为采用了很多来自公元前 800 年的《罗得海商法典》的概念。④ 虽然罗马法对海商法的原始贡献并不为人们所知晓⑤,但是罗马法保存下来的许多概念确实影响了海商法发展的进程。在罗马法中可以找到扣船、利息、碰撞责任和海难抢劫的非法行为等所涉内容。⑥

(二)19 世纪的法典

19 世纪是民法典编纂的黄金时代,始于 1804 年拿破仑颁布的《法国民法典》和 1807 年由其颁布的《法国商法典》。《法国商法典》所包含的海商法规定,改进和发展了首次被编入 1681 年《海事条例》的许多原则,这些规则一直到 20

---

① 郭瑜:《海商法的精神——中国的实践和理论》,北京大学出版社,2005 年版,第 93 页。

② 郭瑜:《海商法的精神——中国的实践和理论》,北京大学出版社,2005 年版,第 64 页。

③ [加]威廉·台特雷:《国际海商法》,张永坚等译,法律出版社,2005 年版, 第 7 页。

④ William Tetley, *Lex Maritima*, (1994)20 Syracuse J. INt'l L. and Comm. p. 109.

⑤ Rodiere and du Pontavice, 12ED., 1997, para. 8.

⑥ J. Hare, *Shipping Law and Admiralty Jurisdiction in South Africa*, Juta&Co., Ltd., Kenwyn, South Africa, 1999, p. 4—6.

世纪 60 年代都没有被修改过,1967 年,法国才对海商法进行了全面修订。2000
年,法国颁布了新的商法典,新法典只是 1807 年法典的重编,以法典的形式重新
制定数百年来分散在各法律中的规定。然而,新法典在很大程度上忽视了海商
法,所以 5 部主要的 20 世纪 60 年代通过的海商法成文法仍继续实施于法国海
商法领域。① 早在 20 世纪初,受法国民法典的影响,荷兰、比利时、意大利、海
地、智利、玻利维亚等民法法系的国家,纷纷颁布各自的民法典或是商法典,并把
海商法规定其中。

(三)民法法系国家海商法对普通法系国家海商法的影响

1. 对英国的影响

即使是在那个一般只与普通法才有联系的英国,也可以找到民法法系的影
响。如北欧和西欧国家,早期的英国商人和法官在处理海商法问题时都是以
《奥列隆判例集》为指导的。②除了法典的影响,民法法系对英国的影响还体现在
英国的海事法院。英国海事法院出现于爱德华三世期间,在处理海盗问题时首
次出现,其后不久就扩大其管辖权,将其他海事问题也纳入其中。海事律师和海
事法官都是接受罗马法训练的民法学者③,他们在法庭的辩论中会经常用到海
事惯例、商人的习惯法以及民法④。

英国海事法院还会遵循民法的诉讼程序⑤。由此可见,民法法系对英国海
商法早期的形成和发展产生了重要而深远的影响。而那些按照民法原则拟订合
同的外国商人对这种法律的统一表现出了前所未有的热情。正如一位商人在
1473 年所言,他们希望出现在适用"自然法,即被称为'商人习惯法',是在全世
界通行的法律"的法庭上。⑥ 这意味着要由民法来编纂和补充习惯法。外国商
人都是依据海事法或民法订立合同,那些合同间的区别不应该依据与其无关的

---

① [加]威廉·台特雷:《国际海商法》,张永坚等译,法律出版社,2005 年版,第 11 页。
② C. S. Cumming, "The English High Court of Admiralty", (1992) 17 *Mar. Law*. p. 209-
255.
③ Tetley, M. L. C., 2Ed., 1998, p. 33
④ Sir R. Coode, *Commercial Law*, 2Ed., Penguin Books, London, 1995, p. 3-4.
⑤ 英国在 16 世纪航海业十分发达,海事法院承揽到许多标的巨大的案子,这对于外国
的海事请求人来说要比普通法院好。海事法院没有陪审团,它采用民事诉讼法,使得在国外
用书面应诉也会得到英国法院的认可。它另外一个优点就是处理案件迅速及时,节约了诉讼
人的时间和金钱。海事法院由此吸引了很多外国人来此起诉,这对于普通法的法官和律师是
一种威胁。
⑥ Sir. T. Scrutton, "*General Survey of the History of the Law Merchant*", Select Essays in
Anglo-American Legal History, Vol. 3, Little, Brown, & Co., Boston, 1909, p. 4.

法律进行审判,不论这在案件中是暂时的还是决定性的。①限制海事管辖权的范围由普通法法院决定,17 世纪 70 年代,海事管辖权的范围被普通法法院限制为:在公海上发生的侵权行为、在公海签订的海事合同、其他海事法院判决的强制执行等。②后来,随着判例的累积,法官们更多地参照他们先前的判例,把民法的原则或惯例尘封到了不易再触及的地方,英国法律独特的体系愈加发展成熟,民法对英国海商法的影响有了减弱,但是不能否认的是民法对英国海商法发展的初期重要而卓越的影响。作为唯一可获得的书面海商法的渊源,民法为英国法官们提供了权威的法规参考,而且如有需要,海事法院的法官们还可以用民法原则和商人习惯法对其法典和普通法做出补充。英国的海商法影响了许多国家,比如美国、加拿大、澳大利亚等,所以这些国家的海商法体系也都间接源于民法。加拿大最高法院曾肯定过这种影响:"毫无疑问,英国海商法很大程度上归于民法传统,而加拿大海商法则主要来源于英国海商法。普通法在早期处理商务和海商问题时几乎无法可依,海事法院在处理海事纠纷时,都是在适用大陆发展起来的原则。"③

2. 美国海商法的民法踪影

美国是英美法系保留民法海商法形式最彻底的国家。以下三个表现可以说明这一点。①美国海事法院继承了英国海事法院的民法审判权。在脱离英国的殖民统治前,美国海事法院的审判权受到英国普通法法院和由此颁发的禁止令状的严格限制,所以,美国至今还保存着保全扣押制度。对于海事请求扣船保全的制度规定在 1938 年美国国会通过的《联邦民事诉讼规则》第十三章"若干海事请求补充规则"④之中(Rule B Attachment),而这种保全救济制度在英国早在1800 年就不再使用了。英联邦中的加拿大、澳大利亚、新西兰、新加坡等国都遵循了英国的做法废止了该补充规则。②美国在成立后不久的 1789 年第一届国会上采纳了美国法院程序管理法⑤,确认了海事法院的民法特性,称作"海商法院",与英国海事法院迥然不同。③美国拒绝采用许多国际公约,比如《1851 年

---

① ［加］威廉·台特雷:《国际海商法》,张永坚等译,法律出版社,2005 年版,第 14 页。

② Sir W. S. Holdsworth, *A History of English Law*, Vol. 1, Methuen &Co., London, 1903, p. 557.

③ *Q. N. S. Paper Co. v. Chartwell Shipping*, (1989) 2 S. C. R. 683, p. 695.

④ 徐俊强:《美国民事诉讼制度的新发展——以<联邦民事诉讼规则>为中心》,《司法改革论评》2007 年第 1 期,第 252 页。

⑤ Tetley, M. L. C., 2Ed., 1998, p. 38.

船东责任限制法》船东责任限制仍保留了古老的民法委付原则。①由于没有参加《1910年碰撞公约》，直到1975年，美国都不采用碰撞按过失比例分摊原则，而是采用平均分摊责任原则。②比起法国、德国和其他大陆法系国家，美国更接近民法海商法。

（四）我国现行《海商法》与民法的关系

与海商法律制度发达的英美国家不同，我国的《海商法》并无深厚的民法渊源，其作为"移植而来的法律"③很难有独立的理论体系和深厚的理论修养，更谈不上深入结合我国的海商、海事实践，而是大量借鉴了海商法领域公认或国际海事组织和联合国贸易法委员会通过的国际公约、国际惯例或者国际准则。所以，民法对我国《海商法》的影响甚微，民法中有利于海商法发展的精神和原则也无从体现，而这些，正是《海商法》修改时所要遵循的原则。

二、海事请求保全制度与《民事诉讼法》的关联

我国海事请求保全法律制度从其调整对象、调整手段、启动程序等诸多方面都受《民事诉讼法》的影响。比较海事请求保全与《民事诉讼法》中的民事保全制度，可以看出海事请求保全既体现了《民事诉讼法》财产保全的精神，又有其特殊之处，发展了其制度内涵。

（一）继承

我国的海事请求保全理论系我国《民事诉讼法》与有关国际公约两种制度融合的产物，表现为程序上基本采用我国《民事诉讼法》有关财产保全的规定。可从我国《海事诉讼特别程序法》第15条、第16条、第17条、第18条、第20条与《民事诉讼法》第103条、104条、107条、108条的比较中看出。《民事诉讼法》第103条规定："人民法院对于可能因当事人一方的行为或者其他原因，使判决难以执行或者造成当事人其他损害的案件，根据对方当事人的申请，可以裁定对其财产进行保全、责令……"这与《海诉法》第15条"海事请求人申请海事请求保全，应当向海事法院提交书面申请"除海事请求保全主体及管辖法院特殊外，内容一致。《民事诉讼法》103条还规定"人民法院采取财产保全措施，可以责令

① Tetley, *The General Maritime Law：The Lex Maritima*，（1994）20 Syracuse J. Int'l L. & comm. p.124.

② 通过损害分摊，因双方均有过错造成的船舶碰撞损害由双方平均分摊，不问双方过错程度，是一般海商法下处理损害责任的传统方法。参见 Tetley, *Int'l conflict*, 1994, p.477-478.

③ 郭瑜：《海商法的精神——中国的实践和理论》，北京大学出版社，2005年版，第9页。

申请人提供担保;申请人不提供担保的,驳回申请……"与《海诉法》第 16 条"海事法院受理海事请求保全申请,可以责令海事请求人提供担保。海事请求人不提供的,驳回其申请"规定一致。《民事诉讼法》104 条"人民法院接受申请后,必须在四十八小时内作出裁定;裁定采取保全措施的,应当立即开始执行……"与《海诉法》17 条"海事法院接受申请后,应当在四十八小时内作出裁定。裁定采取海事请求保全措施的,应当立即执行……"基本一致。《民事诉讼法》107 条"财产纠纷案件,被申请人提供担保的,人民法院应当裁定解除保全"与《海诉法》18 条"被请求人提供担保,或者当事人有正当理由申请解除海事请求保全的,海事法院应当及时解除保全"一致。《民事诉讼法》第 108 条中"申请有错误的,申请人应当赔偿被申请人因保全所遭受的损失"的规定,与《海诉法》第 20 条"海事请求人申请海事请求保全错误的,应当赔偿被请求人或者利害关系人因此所遭受的损失"一致。海事请求保全的一般规定即原则性规定对《民事诉讼法》中财产保全的继承由此可见。

2008 年 12 月修订的《最高人民法院关于适用〈中华人民共和国海事诉讼特别程序法〉若干问题的解释》(以下简称《海诉法》司法解释)18 条规定:"海事诉讼特别程序法第十二条规定的被请求人的财产包括船舶、船载货物、船用燃油以及船用物料。对其他财产的海事请求保全适用民事诉讼法有关财产保全的规定。"这也符合在我国法律适用的基本原则:特别法有规定的,适用特别法规定;特别法没有规定的,适用普通法规定。

(二)发展

除与《民事诉讼法》财产保全制度一脉相承之外,海事请求保全制度又对其有重大的突破和发展,主要表现在以下几个方面:

1.海事请求保全程序时限更短、更快速

我国《民事诉讼法》中规定对于诉前申请财产保全的,法院接到申请后需在 48 小时内作出裁定,而诉中财产保全,规定在紧急情况下,48 小时内作出裁定。何为"情况紧急"? 民事诉讼法及其司法解释并无具体标准,由法官自由裁量。如法官没有认定为"紧急情况"的紧急情况出现,法院没有及时作出保全裁定,申请人的权益就要受损。《海诉法》规定,对于海事请求保全申请,不论诉前还是诉中,法院均应在 48 小时内作出裁定。海事强制令的申请法院也应在 48 小时内作出裁定。

2.海事请求保全是创设管辖权的依据

在民事诉讼法的财产保全理论中,对案件实体问题具有管辖权的法院取得对财产保全措施的管辖权。在海事诉讼中,因为保全措施的管辖权是独立于案件实体问题管辖权的,所以对案件实体问题没有管辖权的法院,可以由于对保全措施拥有管辖权而取得对案件实体问题的管辖权。

3. 海事请求保全程序独立于案件实体审理程序

在民事诉讼法的财产保全理论中,财产保全程序是作为保障判决执行而存在的,是依附于案件实体审理程序的程序。而在《海诉法》中,海事请求保全程序与案件实质问题程序可以在不同的法院分别进行,两种程序互相独立,这有别于财产保全理论。

4. 海事请求保全程序启动的自主性

我国《民事诉讼法》规定法院可以根据当事人的申请作出财产保全裁定,法院在必要时也可以裁定采取财产保全措施。这也就是说民诉法中的财产保全可依当事人申请而为也可由法院依职权而为。而《海诉法》第 15 条规定:"海事请求人申请海事请求保全,应当向海事法院提交书面申请。"由此可见,法院只能依当事人申请作出海事请求保全,而不能依职权而为。

在海事诉讼关系中,当事人主义与职权主义是现代国家所普遍采取的两种模式。前者以 1806 年法国民事诉讼法典为典型,多为英美法系国家采用;后者以 1895 年奥地利民事诉讼法典为典型,多为大陆法系国家采用。两种模式的不同主要在于当事人和海事法院在诉讼中谁起主导作用。[1]《海诉法》立法中的新理念更多地将部分诉讼法律关系中的责任和主动权置于当事人的控制之下,体现了对当事人权利的尊重,这是对民事诉讼法的突破。给予当事人更多的主动权,也是审判权上的进步。这种进步要求审判权表现出相应的消极性,即非因诉方或申请人的请求,法院不能主动干预。[2] 审判权的非主动参与能促使当事人在审判程序中主体地位的形成,使当事人在决定是否申请海事请求保全时更加审慎。错误保全发生时,申请人自己承担责任也是合情合理的。

5. 海事请求保全的目的不同

财产保全的目的是获得保全,而海事请求保全的目的是取得担保。财产保全以保全法院查封、扣押、冻结的有关当事人或利害关系人的财产来保障保全法院就案件实质问题所作判决的未来执行有可靠的物质保障。所以财产保全保全的财产范围只限于与本案有关的财物。在海事请求保全中,如扣押船舶,意在取得申请人所要求的担保,被采取强制措施的财产,如船舶,其价值往往大大超过申请人所要求的担保数额。由此可见,海事请求保全的目的不在于对被请求人

---

① 司玉琢主编:《国际海事立法趋势及对策研究》,法律出版社,2002 年版,第 608 页。

② 参见唐力:《民事诉讼构造研究,以当事人与法院作用分担为中心》,法律出版社,2006 年版,第 12 页。

的财产所采取的强制措施,而在于迫使被请求人提供请求人所要求的担保。

6. 海事请求保全保证了仲裁裁决的执行

《民事诉讼法》第 104 条规定:"申请人在人民法院采取保全措施后 30 日内不依法提起诉讼或者申请仲裁的,人民法院应当解除保全。"这一规定就明确了在进行诉前保全后,当事人必须以诉讼或仲裁的方式来解决纠纷,否则法院就要解除保全。若当事人之间约定用仲裁的方式解决争议,法院就不能受理诉讼。保全程序在仲裁程序中同样有其重要性,因为仲裁裁决同样涉及执行问题。在申请仲裁前无法进行财产保全,就有可能使仲裁裁决无法执行。

《海诉法》第 19 条规定:"海事请求保全执行后,有关海事纠纷未进入诉讼或者仲裁程序的,当事人就该海事请求,可以向采取海事请求保全的海事法院或者其他有管辖权的海事法院提起诉讼,但当事人之间订有诉讼管辖协议或者仲裁协议的除外。"这一规定使当事人无论是在提起诉讼前还是在申请仲裁前,都可对海事请求进行保全。

《海诉法》在我国的实践只有二十多年的时间,主要是结合《民事诉讼法》与相关国际公约制定而成,无论在体系上还是具体规定上都有很多不完善、不成熟的地方,法律适用中也会遇到无所适从的情况,遇到的矛盾和问题,若回归民法博大精深的理论体系,用民法来补充和指导[1],很多实践问题会相对容易解决,理论体系也会更加完备。

三、海事请求保全制度与国际扣船公约的关系

我国的海事请求保全理论同时引入了《1952 年扣船公约》和《1985 年扣船公约草案》的具体内容,这从我国《海诉法》第 14 条、第 19 条、第 21 条、第 23 条、第 24 条与《1952 年扣船公约》第 1 条、第 3 条、第 5 条、第 7 条,以及 1985 年《扣船公约草案》第 5 条的比较中可以看出。在《海诉法》起草工作的后期,恰逢《1999 年扣船公约》通过,因此又大量借鉴了该公约的相应规定,反映了扣船国际立法的最新发展。甚至,有立法者称《海诉法》的主要法源就是《1999 年扣船公约》。[2]《海诉法》第 3 章第 2 节在编排形式上与《1999 年扣船公约》一致,先列出可以申请扣船的 22 种海事请求,请求内容完全一致,第 22 条与《1999 年扣船公约》第 2 条;第 23 条与《1999 年扣船公约》第 3 条;第 27 条与《1999 年扣船

---

[1] 王沐昕、仲磊:《中国海商法操作实务与典型案例解析》,法律出版社,2008 年版,第 3 页。

[2] 王沐昕、仲磊:《中国海商法操作实务与典型案例解析》,法律出版社,2008 年版,第 8 页。

公约》第 4 条具体内容均为一致。

但值得我们注意的是,《1999 年扣船公约》也只是得到了联合国海事工作委员会的通过,根据公约 14 条的规定,"本公约应在 10 个国家表示它们同意受本公约约束之日起 6 个月后生效。"然而时至今日公约仍然没有生效。我国在此公约尚未生效的前提下将其作为法源引入国内法是存在一定风险的。1952 年在布鲁塞尔召开的第九届海洋法外交会议上通过的《统一海船扣押某些规定的国际公约》即《1952 年扣船公约》是唯一已经生效的有关船舶扣押的国际公约。《1952 年扣船公约》与《1999 年扣船公约》自然有诸多不同之处,这势必产生了国内法与国际法的冲突。在我国尚未出台《国际私法》的背景下,仅用《民法典》中的国际私法理论能否解决这些冲突,尚未清楚。我们不禁疑问,如此神圣的《海诉法》立法者当初为什么会有如此考虑? 这也许是"近年来保赔协会在'背后活动,以求事成'的结果"①。

由上述第二、三部分的分析可见,在《海诉法》范围内的海事请求保全制度是《民事诉讼法》中的财产保全制度与有关船舶扣押国际公约、国际惯例有机融合的产物。

四、海事请求保全制度的体系归属

体系归属是指一个制度所具有的框架以及在此框架内该制度的各相关因素所体现的特质在上位制度中的位阶。海事请求保全制度在一个怎样的框架中能得到更加系统地呈现和发展? 这一制度的发展对上位制度的完善有怎样的意义与贡献? 以上是分析海事请求保全制度体系归属的意义所在。

综上分析,在世界范围内,在海商法(海事法)的历史发展进程中,传统的民法法系及民法典对其影响最深。在我国,海事请求保全制度也带有很深的《民事诉讼法》财产保全制度的印迹。应该说,在很多学者支持"海商法是一门独立的法律,而不是民法的特别法"的时候,海事法院在审理案件时就会受这一海商法归属理论的影响,出现"视民法为草芥,奉海商法(海事法)为神明"的现象。②海商法(海事法)出现漏洞时,不从民法深厚的理论体系和程序规则中寻求支援,一味强调其本身的独立性,那海商法就成了无根之木、无源之水,实践中的问题也难以获得有效解决。

---

① 杨良宜:《海事法》,大连海事大学出版社,1999 年版,第 145 页。
② 王沐昕、仲磊:《中国海商法操作实务与典型案例解析》,法律出版社,2008 年版,第 3 页。

　　笔者建议,在讨论海事请求保全这一法律制度时,首先,应确认民法的给养地位。可以参考的不仅有我国《民法典》,民法法系传统而深厚的理论精髓和实践经验亦值得借鉴。本书在后面章节的分析中,特别是海事请求保全的比较法分析中,会多处运用民法或民事诉讼法的内容。其次,借鉴英美法系的相关制度。如对物诉讼制度、禁令制度。虽为不同法系,但在两大法系制度相互借鉴和融合的背景下,应看到对物诉讼制度、禁令制度的灵活方便的特性,可以补充完善海事请求保全制度。再次,检视相关海事国际公约的规定。到目前为止,我国加入的海事国际公约已有四十多个。因此,在处理国际条约与国内立法的关系时,不能顾此失彼;在将国际条约转化为国内立法时,需看到制定的国内法与其他相关部门法之间的关系,也要环顾我国已经加入的其他海事国际公约。

　　除了英美法系和大陆法系值得借鉴的相关制度和海事国际公约外,我国的《中华人民共和国民法典》《中华人民共和国民事诉讼法》《中华人民共和国港口法》《中华人民共和国海域使用管理法》《中华人民共和国海商法》《中华人民共和国海事诉讼特别程序法》是海事请求保全制度得以系统完善和发展的法源支持。

　　在海事请求保全制度充分汲取我国相关司法制度经验的前提下,冲破国内法律制度的藩篱而融入世界范围内广阔的海商法(海事法)背景,我们不仅可以更深入地挖掘其精神实质和价值追求,寻找其本源和给养土壤,还可以探究其内涵的体系架构,发现其卓越而先进的程序规则和程序保障,更好地服务于我国的海运实践。而这些也正是本书期望达到的研究目的。

第三节　海事请求保全制度的特性与价值

　　"特性"不同于"特点",亦不同于"性质",此处意谓内蕴性质之特点。海事请求保全制度作为与海事请求、海事审判程序、执行程序相辅相成的海事程序制度,是与海事诉讼实体程序相对的先期独立程序,与其他诉讼程序或与其他保全程序相比,具有其独特性。

　　海事请求保全制度作为广义海商法的特有制度,其价值指向既体现了一般法律制度的共性价值如正义、公正,又体现了上位商法价值中以效率价值为终极价值,以秩序价值和安全价值为组成部分的价值体系。本书用法经济学的分析方法分析海事请求保全制度中正义价值与效率价值的动态关系,以期找到实现最大效率的同时实现最大正义价值的路径。

一、海事请求保全制度的特性

(一)私法自治性与公法强制性并存

相比《民诉法》中的财产保全,海事请求保全程序的启动、撤销或是对被保全财产的处置都在更大程度上体现了海事请求人的自主性。《民诉法》中的财产保全的启动可以依当事人申请,必要情况下也可以由法院依职权裁定,撤销和处置程序也是如此。而海事请求保全程序的启动只能由海事请求人主动申请,其撤销和处置程序也是如此。《海诉法》第 12 条规定:"海事请求保全是指海事法院根据海事请求人的申请……"第 18 条规定:"……或者当事人有正当理由申请解除海事请求保全的,海事法院应当及时解除保全或者返还担保。"《海诉法》司法解释第 25 条规定:"……海事请求人未在期限内提起诉讼或者申请仲裁,但海事请求人和被请求人协议进行和解或者协议约定了担保期限的,海事法院可以根据海事请求人的申请,裁定认可该协议。"以上行为虽由海事请求人主动而为,但是这些海事请求保全措施的实施如申请的审核、裁决的做出、对复议或异议的受理、措施的执行、被保全财产的处置都是由海事法院强制执行的。强制性是其作为法定措施存在的必要条件。

(二)简易性

在海事诉讼制度中设立海事请求保全是因为海事请求保全事件在时间上处于紧急且危险的状态,若不迅速执行,就无法保障海事请求人的利益,或使将来判决难以执行而使判决书成为一纸空文。此简易特性不同于《海诉法》第 98 条中的"简易程序"。"简易程序"指海事法院审理事实清楚、权利义务关系明确、争议不大的简单的海事案件。而海事请求保全制度程序上的简易性主要反映在程序的迅速以及简化两方面:

1. 程序快速

相比《民诉法》中财产保全在"情况紧急的条件下"裁决要在 48 小时内作出,海事请求保全则无论情况是否紧急,裁决必须在 48 小时内作出。《海诉法》第 17 条规定:"海事法院接受申请后,应当在 48 小时内作出裁定。裁定采取海事请求保全措施的,应当立即执行;对不符合海事请求保全条件的,裁定驳回其申请。当事人对裁定不服的,可以在收到裁定书之日起 5 日内申请复议一次。海事法院应当在收到复议申请之日起 5 日内作出复议决定。复议期间不停止裁定的执行。"由于申请诉前保全的情况都很紧急,法院在接到利害关系人的申请后,均在 48 小时内作出裁定。裁定准予申请人申请的,即派员赶赴船舶、货物停靠地点执行财产保全措施。法国的紧急审理程序的"紧急性"要件使得程序的迅速进行成为当然。在英国,如果案情紧急原告急需取得禁令,他可单方面向皇座法庭申请,特别是马瑞瓦禁令,除极少数情况,原告都可进行单方面申请。高等法院和郡法院都能凭原告的单方申请作出暂时裁定,甚至不需要原告向最高法院或郡法院起诉。如若情形紧急,高等法院会把可以办理紧急申请措施的主管法官的住所告诉原告,这样即使在非法院办公时间也可以使临时申请得到紧急处理。①

2. 程序简易

保全是针对紧急事件或状态而临时采取的保障和救济措施,因此其采用的程序在保证公平的基础上必须是高效的。德国在作出裁定前仍要求经过双方的口头辩论,且裁定要以判决的形式表示,同时,如利害关系人或被保全人对保全提出异议,针对异议的复议程序和保全取消程序也要以判决形式表示。由此可见,德国在保全程序上力求简化,但还是无法抹去范式程序的影子。我国台湾地区的保全程序以及法国的紧急审理、裁定程序相比德国都在力求程序简化的“形神兼备”,除作出裁定程序简化外,直接以裁定作为裁判而不用经过判决。在处理保全事件“本案化”②上,日本在《民事保全法》中做了如下修改:在审理方式上用“决定”替代“判决”作为最终裁定;对作出“决定”前双方必需的口头辩论不再做硬性规定,而采用可以选择的方式,法官可自由裁量,如认为有必要可采用也可放弃采用。③普通法系国家以“程序正义”和程序的严谨而闻名,但在各种禁令和临时性措施的审理方式和证据要求上,也毫无例外地体现出程序简易、快捷的特征。在英国,海事请求人之所以准备一份“草拟命令”,是因为马瑞瓦禁令时间紧迫以及避免麻烦法官。根据“草拟命令”法官只需进行必要的修改即可,连制定命令的时间都省去了。所有这些措施或改革,其目的都在于简化程序,确保效率。为进一步发挥海事请求保全措施快速、便捷、有效的专业特点,2009 年 9 月上海海事法院根据审判流程管理规定并结合海事审判实践,制定了《诉讼保全流程管理暂行办法》,规定了保全审查、裁定制作、措施实施等所需的时间节点,进一步简化保全流程程序。

(三)临时性

海事请求保全程序作为海事诉讼程序中的子程序,其功效是显而易见的。

---

①　参见沈达明编著:《比较民事诉讼法初论》,中国法制出版社,2002 年版,第 561 页。

②　“本案化”是一个非常形象的提法,指对保全问题,尤其是对保全异议、请求撤销保全裁定等重大问题与案件的实体问题一并解决,两者并行属于诉讼,使保全程序与对实体审理的正式诉讼一样费时费力。

③　参见［日］谷口安平:《程序的正义与诉讼》,王亚新等译,中国政法大学出版社,2002年版,第 330 页。

它的目的只是要求被请求人提供担保。《海诉法》第 18 条规定:"被请求人提供担保,或者当事人有正当理由申请解除海事请求保全的,海事法院应当及时解除保全。"海事请求保全以被请求人提供合理担保宣告结束,不影响诉讼或是仲裁的进行。对于诉讼中的保全,被请求人提供担保后,也不影响诉讼或仲裁程序的进行。由此可见,海事请求保全程序是临时性的。《海诉法》第 28 条规定:"海事请求保全扣押船舶的期限为 30 日。"保全强制措施的时间性决定了保全程序的暂时性、临时性的特征。

在德国和日本,"假处分"中的"假"字,即为"临时"之意。英美法系称之为"临时性救济措施"。美国的财产扣押令里的海事扣押令属于临时性的保全措施,直到船东提供了诉前保全之时船舶开航,保全即结束。

(四)灵活性

提到海事请求保全的灵活性,最显著的表现形式就是对船舶的"活扣押"。如前述分析,基于"死扣押"产生的诸多弊端,如不能发挥船舶的应有价值,扣押产生的供给、监管的费用和潜在损失会像滚雪球一样越来越大,海事请求人面临的错扣风险等因素,实践中出现了"活扣押"的方式,船舶在不影响运营的情况下扣押其处分权和抵押权,从而出现对双方当事人都有利的局面。除"活扣押"外,在前述英国实践中,申请人可直接到法官住所并准备好"草拟命令"以及临时性禁令的签发等,都显示了海事请求保全特殊的灵活性。

(五)工具性

工具性意即实效性。比起实体诉讼中对海事请求当事人双方纠纷是非曲直的判断,海事请求保全是作为实现请求人最终权利的一种工具而存在。海事请求保全伴随着纠纷的出现而出现,伴随着纠纷的解决、权利的实现而终结。在完美的法律状态下即海事请求人权利的实现得到被请求人权利的顺利让与,海事请求保全是不需要的。在被请求人权利是否能够顺利让与的疑问或是否定答案中,它作为一种工具起到了保证这一疑问或否定转化为相对肯定的实际效果。

二、海事请求保全制度的价值——法经济学视角

在司法活动和法学研究中,效率和公平常被认为是"鱼与熊掌"不能兼得的,至少是不能等量兼得。海事请求保全制度在"公平"和"效率"这对矛盾的处理中能否实现最佳效果?

(一)正义的效率诠释(波斯纳定理)

"正义"在我国有"正当""合理""应然""公平""公正""公道"的意思。但是要对"正义"作一个准确的界定,确实是一件很困难的事。就像博登海默所说:正义有着一张普罗透斯似的脸,变幻无常,随时可呈现出不同的形状及极不

相同的面貌。在古希腊,正义曾是一种美德。柏拉图把正义看作是个人和国家的"善德"。正义就是"各守其份,各司其职"。亚里士多德说:"政治学上的善就是正义,正义以公共利益为依归。按照一般的认识,正义是某种事物的平等观念。"西塞罗认为正义是"使每个人获得其应得的东西的人类精神意向"。乌尔比安说:"正义是给予每一个人他应得的部分的这种坚定而恒久的愿望。"阿奎那认为正义是"一种习惯,依据这种习惯,一个人以一种永恒不变的意愿使每个人获得其应得的东西"。

著名的社会法学代表人物庞德则认为:"在伦理学上,我们可以把正义看成是一种个人美德或是对人类需要的一种合理、公平的满足;在经济学和政治学上,我们可以把社会正义说成是一种与社会理想相符合,足以保证人们的利益与愿望在最少阻碍和浪费的条件下得到满足;在法学上,我们讲的执行正义(或法律)是指在有政治组织的社会中,通过这一社会的法院来调整人与人之间的关系及安排人们的行为。"

"各得其所"的确体现了正义最为一般的规定性,它可以适用于历史上的每一个时代,似乎具有永恒性。但是正义是个抽象的概念,涉及价值判断,属于意识形态的范畴,不可避免地要受到学者们所处社会的物质生活条件的制约。

在正义的各种声音中,不乏效率思想的体现。美国法律经济学家波斯纳提出的波斯纳定理认为:在自由、平等、正义、效益等法律价值中,效益即他所理解的"社会财富最大限度化"是判断法律制度或行为是否正义或善的标准。在波斯纳看来,"权利应赋予那些更珍视它们的人",波斯纳更是指出:"效率是正义的一层含义。"[1]效率的最大化构成正义的一个标准。[2] 正义的效率诠释意即效率能够为正义提供现实实现的尺度。人的理性在哲学领域里可以分为两类:工具理性和价值理性。而这一由德国社会学家马克斯·韦伯所作的区分也一定程度上适用于效率与正义的取向确定。在韦伯看来,价值理性相信的是一定行为的无条件价值,强调的是动机的纯正和选择正确的手段去实现自己意欲达到的目的,而不管其结果如何;工具理性则是指行动的动机只是追求功利,理性只是借以达到自己需要的工具,行动者纯粹从效果最大化的角度考虑,而漠视人的情感和精神价值。正义与效率,前者是一个抽象的概念,后者则有具体的衡量标准,如收益或成本。前者着眼长远和根本,后者立足当下和局部。依此而言,效

---

① 〔美〕理查德·A.波斯纳:《法律的经济分析》(上),蒋兆康译,中国大百科全书出版社,1997年版,第15页。

② 陈国富:《用效率诠释正义》,《读书》2001年第5期,第69页。

率应归于工具理性,正义指向价值理性。在法律中,正义必须通过权利和责任的特定安排来体现。于是,只有当权利和责任的配置能实现最大化的收益或最小化的成本才算是正义的。考虑到当事人之间在技能、偏好和承担风险的能力等方面存在差异,权利和责任安排上的无差别便可能不是最有效率的。那么,权利和责任应如何配置?波斯纳给出一般性原则:"如果市场交易成本过高而抑制交易,那么,权利应赋予那些对权利净值评价最高并且最珍视它们的人。"这一原则被称为"波斯纳定理"。波斯纳还归纳出这一定理的体现形式:在法律上,事故责任应该归咎于那些能以最低成本避免事故而没有这样做的当事人。"波斯纳定理"对于指导事前的权利安排和事后的责任判定具有很强的可操作性。在海事法中,有所谓"紧急处理"原则:货船在海上遇到暴风时,可能有翻船风险,为拯救整艘船和船上的人员,船长可以决定先将最重的船货抛弃,然后依序弃货。船只安全入港后,再将保留下来的船货依价值在货主之间按比例分摊损失。波斯纳所指的这种"紧急处理原则"即是海商法中共同海损。共同海损中如果无视效率,只看正义的话,每个货主的船载货物同等抛下或是整艘船共沉,每位货主损失机会均等才是正义的。但是这种正义是以船沉人亡为代价的。如此这般,已经走到了正义的反面,是最大的非正义了。所以说,正义非空洞,要有具体的载体和衡量标准,效率恐怕是位阶在前的了。

波斯纳定理的实质是,在权利和责任的安排上,要求体现"比较优势原理"。经济主体在风险偏好、信息拥有量、财产拥有规模和决策能力等方面是有差别的,这些差别作为约束条件影响着权利的运作成本。因此,按照"平等竞争,能者居之"的原则分派权利和责任,是一种体现效率标准的权利安排。

海事请求保全作为一种临时性保全救济措施,更是以其诉讼前或仲裁前的临时强制限制被请求人的财产从而保全海事请求人的合法权益而显示出其效率性。《海诉法》第17条规定:"海事法院受理海事请求保全申请后,应在48小时内作出裁定。裁定采取海事请求保全措施的,应当立即执行……"该措施在实现效率的同时也实现了海事请求人权利的保护的正义。这种临时性的海事保全措施在世界各国由于在其称谓、保全方式、类型、范围及申请条件存在较大差异而呈现出各自特色和差异性,但是各国都存在为保全海事请求人申请而强制限制被申请人财产或其他的做法。无论是英国的中间禁令、马瑞瓦禁令、债务人公开财产令、安东·皮勒令、扣船令;美国的初步禁令、暂时禁止令;还是法国的司法担保、暂时阻止令;德国的假扣押、假处分等,都体现了这一司法目的。用临时性、紧急性的措施确保判决的正义实现方式。如果单从正义来论,似乎在判决或是仲裁前对被请求方的财产、行为或者人身采取强制措施有违正义,因为是非曲直尚未经过裁判。但是如果照此标准,不依海事请求人申请对对方财产等实行扣押等措施,假定海事请求人的请求无误,等判决下来后已无可以执行的财产,对请求人来说,权利只能体现在一纸判决书上,而正义已经离他远去。

根据波斯纳的理论,效率是衡量正义的重要标准,效率越大则正义的程度就越高,我们在看到海事请求保全制度的效率性的同时,其制度中的缺失和程序上矛盾不足的存在就在一定程度上影响了正义的实现。

(二)效率的正义标准(效率改进标准)

意大利经济学家帕累托提出了帕累托最优概念。假定固有的一群人和可分配的资源,从一种分配状态到另一种状态的变化中,在没有使任何人境况变坏的前提下,使得至少一个人变得更好,这就是帕累托改进或帕累托最优化,它是公平与效率的"理想王国"。根据这一标准,只有任何人都不会遭受损失的交易才是有效率的。[①] 任何一部法律的颁布和实施都会引起资源的配置,诸如社会资源、经济资源或者司法资源配置的变化,上述资源如若能够在这部法律的指导下实现资源的合理配置,那么效率无疑将会最大,正义也将最大。

然而帕累托的标准在现实中难以得到满足,它只是我们希望正义最充分之时对于效率期待的应然状态。卡尔多·希克斯在帕累托最优概念的基础上做了改进,如果一种变革使受益者所得足以补偿受损者的所失,这种变革就叫卡尔多·希克斯改进。如果一种状态下,已经没有卡尔多·希克斯改进的余地,那么这种状态就达到了卡尔多·希克斯效率。与帕累托标准相比,卡尔多·希克斯标准的条件更宽。按照前者的标准,只要有任何一个人受损,整个社会变革就无法进行;但是按照后者的标准,它承认损失方的存在,如果能使整个社会的收益增大,变革或是这项制度就可以进行,无非是如何确定补偿方案的问题。所以,卡尔多·希克斯标准实际上是总财富最大化标准。

卡尔多·希克斯效率让我们从帕累托最优效率的"天堂"回到了现实效率的"地面"。比起最优效率,改进效率回到效率的实然状态,研究的现实意义更强。在卡尔多·希克斯看来,一项制度对社会整体有利,而且对于社会的利益超过该制度带给社会某部分人的损失就是有效率的。其中包含着以牺牲一种(少部分群体)正义的方式成全了另一种(大部分群体)的正义。

正义是法律的首要价值,但法律作为社会调整的工具,其局限性是客观存在的,它尽最大努力指向公平和正义,却也只能对无能为力的"不公平"叹息,这就是法律的局限性。这里就有一个正义评判的标准问题,在不可能实现效率最大、

---

① 朱莉:《管辖权、法律选择方法与规则的经济分析》,法律出版社,2008 年版,第23 页。

正义最大时,多大程度上或范围内的正义使这项法律有颁布的意义?笔者同样认为,只要实现了最大多数人的利益或是使最大多数资源得到合理配置的法律就是"好"的法律。

下面以"死扣押"和"活扣押"为例,对其进行法经济学的效率分析。

海事请求保全制度中的船舶扣押是指:"通过司法程序滞留船舶,以保全海事请求,但不包括执行或满足某项判决而拘捕船舶。"[①]扣押船舶的方式有"死扣押"和"活扣押"两种。在传统的"死扣押"执行方式中,船舶被扣期间,船东即丧失了对船舶的任何权利,不得驶离港口,更不可能投入运营。"死扣押"的优点显而易见,保全效果好,船舶很难逃脱,可迫使船东尽快提供担保;但是其缺点也是不容忽视的,船舶一旦被扣,便无法运营收益,扣船期间对船员的供应、船舶的维护和看管也是一笔不小的开支。如果船东无法提供担保,扣押时间越长,损失越大,如法院依法将船舶拍卖,对请求双方都是损失。拍卖价款如远小于诉讼标的,对船舶有优先权者就无法充分受偿;拍卖如大于诉讼标的,对船东不公平。基于"死扣押"产生的问题,海事司法实践中出现了"活扣押",也就是说只限制船舶的处分权和抵押权,而恢复其使用权。"死扣押"存在的问题得到了解决,但是"活扣押"也存在诸多问题。如果未办理保险而在运营中灭失,或者在运营中又产生了新的优先权债务,就有可能削弱申请人的受偿数额。

我们假定申请人 A 的效率为 a,被申请人 B 的效率为 b,a、b 之和为社会最终总效率,扣押产生的其他费用(船员工资、船舶给养、船舶看管)为 0;申请人申请错误扣船的概率为 0。假定 A、B 两人的处境为:A 申请法院扣船的海事请求为船东 B 拖欠船员工资 10,扣押船舶价值为 100,船舶运营一天收益为 1。在"死扣押"的情况下有以下几种可能性:①扣押后 B 立即提供合理担保,$a=10$,$b=0$,这时 $a+b=10$;②扣押时间小于 10 天的时候 B 提供担保,$a=10$,$-10<b<0$,$0<a+b<10$;③扣押时间大于 10 而小于 182 天 B 提供担保,$a=10$,$-182<b<-10$,$-172<a+b<0$;④B 一直未提供担保直到终审(假定半年 182 天)船舶被法院拍卖,$0<a<10$(虽拍卖船舶后仍可获得 10,但半年后的 10 比前三种情况下的 10 效率要小),$b=-100+10-182$,即 $b=-272$,$-272<a+b<-262$。由此可见,"死扣押"情况下除了在前两种情况下社会总效率为正以外,后两种情况下社会总效率均为负,也就是说法律走向了非正义。我们假定上述四种情况出现概率相等的情况下机会均等,①+②的社会总效率就是大于 10 小于 20,③+④的社会总效率大于 -444 小于 -262,后两种情况的效率损失要大于前两种情况的效率收益。

---

① 《1952 年扣船公约》第 1 条第 2 款。

那么整个"死扣押"的社会总效率就是上述四种情况之和:大于-434小于-242。每个阶段请求人和被请求人效率各异,但是从社会总效率来看"死扣押"没有实现社会资源的最佳配置,不能称之为有效率的措施。

同样情况,我们分析一下"活扣押"的情况。同样假定申请人A的效率为a,被申请人B的效率为b,a、b之和为社会最终总效率,扣押产生的其他费用(船员工资、船舶给养、船舶看管)为0;同样假定A、B两人的处境为:A申请法院扣船的海事请求为船东B拖欠船员工资10,扣押船舶价值100,船舶运营一天收益1。在"活扣押"的情况下有以下几种可能性:①扣押后B立即提供合理担保,$a=10,b=0$,这时$a+b=10$;②扣押时间小于10天的时候B提供担保,$a=10$,$0<b<10,10<a+b<20$;③扣押时间大于10而小于182天B提供担保,$a=10,0<b<182,10<a+b<192$;④B一直未提供担保直到终审(假定半年182天)而后被法院拍卖,$0<a<10$(虽拍卖船舶后仍可获得10,但半年后的10比前三种情况下的10效率要小),$b=-100+10+182$,即$b=92,92<a+b<102$。由此可见"活扣押"上述四种情况下请求人和被请求人效率均为正,社会总效率亦为正,也就是此项措施是正义的。那么整个"活扣押"的社会总效率就是上述四种情况之和:大于132小于324。每个阶段请求人和被请求人效率各异,从社会总效率来看"活扣押"实现社会资源的最佳配置,可称之为有效率的措施。

需要注意的一点是,如果是船舶被"活扣押"而允许继续运营,有一种风险就是如果该船没有办理保险,保全就失败了。所以,如希克斯的效率改进标准,在承认损失方存在的前提下,只要能使社会的收益增大,变革这项制度就可以进行,所需要做的是如何确定补偿方案的问题。基于商法价值中安全价值指向,在"活扣押"的情况下,需要附加的安全条件可以是:强制被请求人办理保险,否则不允许继续运营。这样一来,"活扣押"效率就可以不受影响了。

综上,用法经济学的效率标准分析海事请求保全制度中的两种扣船措施,我们认为"活扣押"的效率值远远高出"死扣押"的效率值,根据卡尔多·希克斯的效率改进理论实现社会总财富的效率标准,"活扣押"的效率更高,实现的正义也更大。同时对"活扣押"赋予一定的条件限制,也体现了安全的价值要求。

(三)正义与效率冲突中的权衡

美国哲学家罗尔斯说:"一个社会,当它不仅被设计得旨在推进它的成员的利益,而且也有效地受着一种公开的正义观管理时,它就是组织良好的社会。"[1]

---

[1]　[美]约翰·罗尔斯:《正义论》,何怀宏等译,中国社会科学出版社,1988年版,第5页。

一个社会中总是存在着社会普遍接受的正义观念和原则,每个社会成员在具体的情况中又存在着为私人利益着想的正义观念和原则。个体社会成员与一般的社会正义观念并不总保持一致,在具体情形中甚至可能对立。这就涉及社会正义与个体正义的比较,保证一种正义的实现,舍弃另一种正义。

法的价值冲突有三类情形:个体之间法律所承认的价值发生冲突、共同体之间价值发生冲突、个体与共同体之间的价值发生冲突。另外,由于立法不可能穷尽社会生活的一切形态,在个案中更可能由于特殊情形的存在使得价值冲突无法避免。所以平衡价值冲突的原则非常重要。一般认为,平衡价值冲突的主要原则有:①价值位阶原则。它是指不同位阶的法的价值发生冲突时,在先价值优于在后价值。由于自由代表了人的最本质的人性需要,它在法的价值中处于最优先地位;正义是自由的价值外化,它成为自由之下制约其他价值的法律标准;而秩序则表现为实现自由、正义的社会状态,必须接受自由、正义标准的约束。②个案平衡原则。它是指在处于同一位阶的法的价值之间发生冲突时,必须综合考虑主体之间的特殊需求和利益,以使得个案的解决能够适当兼顾双方的利益。③比例原则。它是指即使某种价值的实现必须以其他价值的损害为代价,也应当使被损害的价值减低到最小限度。

《海诉法》第 17 条规定:"海事法院接受申请后,应当在 48 小时内作出裁定。裁定采取海事请求保全措施的,应当立即执行;对不符合海事请求保全条件的,裁定驳回其申请。当事人对裁定不服的,可以在收到裁定书之日起 5 日内申请复议一次。海事法院应当在收到复议申请之日起 5 日内作出复议决定。复议期间不停止裁定的执行。"这种程序法中的时限制度规定在一定的时期内,如果权利人不行使此权利,权利即失效。其实法律规定的时限过后,权利人的实体权利并没有消失,但是司法系统已不再为权利人提供司法救济,对于权利人来说,其实质正义受到了侵害。但是诉讼时效(时限)制度是通过对司法资源的节约和合理配置实现更多有诉求人的权利,而达到了实现社会正义的标准,又通过司法救济的期限督促权利人提高行使权利的效率而产生积极维护个体正义的效果。[①]

有人将正义和效率的关系喻为"分蛋糕"现象,效率是蛋糕的大小,正义是手中的切蛋糕的刀子。法律既追求效率,又追求正义,这就意味着蛋糕做得又大又好,同时分配合理。正义是在效率的条件下实现的,效率能够为正义的实现提

---

① 朱莉:《管辖权、法律选择方法与规则的经济分析》,法律出版社,2008 年版,第 25 页。

供现实保障,同时效率的终极目的也是实现正义,这说明效率和正义不可分割,互为存在的依据。

海事请求保全制度的追求同样是在效率最大的目标下实现更广泛和最大程度上的正义。同时,秩序、自由等内在价值也为此制度应然状态的设计提供了总的方向。

⇨ 本章小结

海事请求保全是独具中国特色的海事司法制度,本章通过对海事请求保全制度相关概念的解析、理论渊源和体系归属的介绍,以及海事请求保全制度的价值、特性的分析,构建了海事请求保全制度的理论体系。本书讨论之海事请求保全为:针对涉海、船、事即与海域和航海相关的一切事务的海事请求进行的诉(仲裁)前、诉(仲裁)中保全。海事请求保全制度汲取了民法的深厚给养,与民事诉讼法息息相关,又借鉴了英美法系对物诉讼和国际扣船公约的合理之处。笔者认为私法自治性与公法强制性、并存性、简易性、临时性、灵活性、工具性是海事请求保全制度的主要特性。在价值认定上,笔者认为海事请求保全制度应遵循效率至上、协调公平的价值准则,通过对财产保全中扣船措施的法经济学分析证实了这一价值目标。

第二章

海事请求保全管辖

海洋把世界分割,船舶又把世界连为一体。驰骋世界海洋的船舶涉及船方、货方、客方、船员、船舶维修方、船舶侵权受害方等多方利益,也为各国法院的管辖权创设了相应的连接点。虽然自20世纪后期开始,合理分配民商事管辖权的理念已为各国普遍接受,但在海事领域,海事诉讼国际管辖权的统一化进程却行进缓慢。1999年海牙国际私法会议特别委员会通过的管辖权公约没有将海事和海商事项包含在内,管辖权冲突频繁发生,海事诉讼管辖权的国际统一之路还很漫长。

在国际海事管辖权的宏观背景下,笔者认为厘清海事请求保全管辖有两个要点:一是基于我国现行《海诉法》规定的法院对海事请求保全的管辖范围仅限定为财产保全这一现状,通过拓展海事请求保全措施的对象,重新界定海事法院对海事请求保全管辖权的范围;二是通过探讨海事请求保全的管辖权冲突,探究解决这一冲突的一般规则路径。管辖权涉及"该不该管""该谁管"的问题,是整个制度研究的先导,只有该问题得到廓清,后续"怎么管"等制度措施的具体问题的解决才有了理论和实践前导。

第一节　海事请求保全的管辖权范围

一、海事请求的界定

什么样的请求是海事请求? 不同国家有不同的界定标准。在英国,海事请求并没有专门的含义,仅指那些归属于高等海事法院管辖范围之内的请求。[①]澳大利亚《海事法》中海事请求须满足两个条件:必须是涉船舶的请求,排除内河船只和内水船舶;必须属一般海事请求和财产性海事请求的范围。而一般性海事请求是指海事管辖权客体的主要部分,包括船东或船舶经营人过错所致损失或损害的所有请求,以及由船舶运营所致的损失或损害请求。财产性海事请求是指关于船舶物权或占有争议、抵押、共有、法定船舶优先权和关于利息的相关请求。在南非,几乎与船舶相关的任何类型的请求或与特定飞机相关的请求,不论其发生地点、悬挂船旗、船东或请求人的住所、国籍,均可为海事请求,为海事法院管辖。美国确定海事请求涉及三因素:海事因素、所在水域和与船舶相关。我国对于海事请求的界定在《海诉法》中体现不明确,但是结合 2016 年最高法院实施的《关于海事法院受理案件范围的规定》,我国海事法院管辖的海事案件包括在海上或者通海水域发生的海事纠纷案件以及其他与船舶相关的海事纠纷案件。如果我们也认可在我国海事法院管辖范围之内的请求都可称作海事请求的话,那么我国海事请求可界定为:与海相关之海事纠纷和与船相关之海事纠纷请求都是海事请求。

二、海事请求的范围

海事请求的范围决定海事请求保全的范围,海事请求保全的范围决定法院对海事请求保全的管辖范围。

海事请求是海商法领域的重要概念,但是从未有过统一定义,即使是《1952年扣船公约》和《1999年扣船公约》也仅使用列举的方式加以说明,最后以"兜底项"囊括其他。为什么如此重要又运用广泛的称谓没有统一、权威的定义,即

---

① Nigel Messon. Admiralty Jurisdiction and Practice (1993), p. 19. 转引自,贺万忠:《国际海事诉讼法》,世界知识出版社,2009 年版,第 22 页。

使是国际公约也未能触碰？原因只能是海事请求这一概念范围宽泛，模糊性强，但作为法律规定却又必须清晰具体，采用列举方式穷尽显然不可能，因为谁也无法预料未来新发现或新出现的海事请求，用定义寥寥数语又难以表达清楚。它的这一"难定义"的神秘特性决定了它的范围绝不仅仅只有一种界定标准。

海事请求是否仅仅等同于《海诉法》第 21 条规定的可以申请扣押船舶的 22 项海事请求？如果等同，那么海事请求保全措施就仅指船舶扣押。对于海事请求保全是否仅指船舶扣押这个疑问，学界早有统一认识。"……表明了只有具备海事请求的条件，才能申请扣押船舶。但是决不能由此得出这样的结论：1. 只有能够引起扣押船舶的请求，才能构成海事请求……"①

显然，船舶扣押仅是海事请求保全措施的一种方式，是最早出现的方式，也是最有效的方式②，但绝不是唯一方式。可以申请扣船的 22 项海事请求既然不是可以引起海事法院管辖的海事请求之全部，那么为避免与引起船舶优先权等其他事项的海事请求产生混淆，笔者建议可将申请扣船的 22 项特殊海事请求称为"扣船请求"。

在英国及英联邦的许多国家，海事请求的范围即是海事诉讼管辖权的范围。下面通过对英国及英联邦国家海事诉讼管辖权客体的分析探究海事请求的范围。

(一) 英国

英国海事管辖权制度主要规定在 1981 年《最高法院法》第 20 节中。其中第 2 条规定的海事管辖客体即海事请求共 18 项：

(1) 关于船舶的占有、使用或所有，或者关于船舶共有的任何请求。

(2) 在船舶共有人之间产生的有关船舶占有、使用或收益的任何问题。

(3) 有关船舶的按揭、债务负担，或者其中有关份额的任何请求。

(4) 关于船舶所受损害的任何请求。

(5) 关于船舶所致损害的任何请求。

(6) 有关由船舶或属具或设备的任何缺陷，或者下列人员的不当行为、疏忽或懈怠所致死亡或人身伤害的任何赔偿请求：①船东、承租人，或者占有或控制船舶的人；②由船东、承租人或者占有或控制船舶的人对不当行为、疏忽或懈怠负责的船长、船员或者其他任何人。

(7) 有关船舶所载货物的损失或损害的赔偿请求。

---

① 金正佳、翁子明：《海事请求保全专论》，大连海事大学出版社，1996 年版，第 6 页。

② 参见李守芹、李洪积：《中国的海事审判》，法律出版社，2002 年版，第 119 页。

（8）源于有关货物运输或船舶使用或租赁的任何协议的任何请求。

（9）关于海难救助的任何请求（飞机、其属具或装载货物的海滩救助请求）。

（10）关于船舶或飞机拖带的任何请求。

（11）关于船舶或飞机领航的任何请求。

（12）有关为船舶运营或维持而供给的货物或物质的任何请求。

（13）有关船舶建造、修理或装备，或者有关船坞费的任何请求。

（14）关于船长或船员工资的任何请求。

（15）船长、托运人、承租人或代理人就为船舶所作开支所提出的任何请求。

（16）产生于共同海损行为的任何请求。

（17）产生于冒险押船贷款的任何请求。

（18）针对船舶或者正在或业已计划运送的货物的没收或征收，或者被没收船舶或任何此种性质货物的返还，或者海军夺获敌船财产权的任何请求。

另外在第 3 条中另外规定了 3 类诉讼：①有关委派人员以替代不能从事工作的人的申请以外的任何申请；②执行下列事件所致的损害赔偿、死亡、人身伤害赔偿请求的任何诉讼：船舶碰撞；在一船或多船情况下执行或疏于执行操作；一船或多船未遵守避碰规则；③船东或其他人根据 1894 年《商船运输法》就与船舶或其他财产相关的责任限制请求。对于未来海事管辖权，规定海事管辖权可以根据法院规则而非制定法而扩张。①

上述海事请求中，第 2 条之 18 项海事请求为《1952 年扣船公约》之重要组成部分②，第 3 条到第 5 条中还列举了其他类型的请求形式，却不属于可以扣押船舶的请求。所以，在英国扣押权限于海事请求的"特定内容"。英国对海事管辖客体海事请求的规定有列举式和其他非列举式补充规定构成。

（二）澳大利亚

澳大利亚《海事法》第 4 条规定，海事请求包括财产性海事请求和一般性海事请求。财产性海事请求有四项内容：涉及船舶占有、整个或部分船舶的物权或所有权、整个或部分船舶的抵押权以及船舶运费抵押的请求；船舶共有人之间有关船舶占有、所有、运营或收益的请求；就法院在海事性质的对物诉讼中针对船舶或其他财产作出的判决的履行或执行的请求；与上述相关的利息请求。在一般性海事请求中，有 20 项囊括在第 4 条第 3 款中，具体包括：

（1）由船舶所致损害的赔偿请求；

---

① 贺万忠：《国际海事诉讼法》，世界知识出版社，2009 年版，第 32-33 页。

② *Arrest Convention* 1952，supra note 8，art1（1）.

（2）基于1981年《保护海洋法》产生的有关船东责任的请求；

（3）由于船舶、属具或设备缺陷所致人死亡或人身伤害的赔偿请求；

（4）由于以下人员行为或疏忽的请求：船东或船舶承租人；占有或控制船舶的人；由船东、承租人或占有或控制船舶的人的不当行为或疏忽，包括航行或管船行为疏忽，货物的装卸，人员的运载或下载，或与人员或货物运送相关的行为或疏忽；

（5）船载货物损失或损害的赔偿请求；

（6）产生于货物或人员运输，或者船舶使用或租赁协议的请求，

（7）与救助相关的请求；

（8）有关共同海损的请求；

（9）有关船舶拖带的请求；

（10）有关船舶引航的请求；

（11）与为船舶运营或维修而向船舶提供的货物、物质或服务相关的请求；

（12）与船舶建造相关的请求（包括下水前）；

（13）与船舶改建、修理与安装相关的请求；

（14）与港口、运河、灯塔使用费，或与船舶相关的其他类似费用相关的请求；

（15）与船舶相关的税收的请求；

（16）船长、托运人、承租人或其他人提出的与为船舶利益而作支出的相关请求；

（17）与船舶相关的保险费或互保费的缴付请求，

（18）就船长、船员工资的请求；

（19）财产性海事请求或一般性海事请求的仲裁裁决的执行请求或产生于此类仲裁裁决的请求；

（20）有关一般性海事请求的利息的请求。①

《1999年扣船公约》通过后，在一般性海事请求保全中根据新公约的规定增加了三项。分别是《1999年扣船公约》第1条第1款的第15、18和22项。

澳大利亚在立法中用明确具体的列明式来规定海事请求的具体内容，以确定海事管辖权的范围。在海事请求的表达方式上采用概括式还是列举式，在起草《海事法》时争论颇大，最后还是采用了列举式。

（三）南非

南非1983年《海事管辖权调整法》第1条中规定，海事请求是指与下列事

---

① 贺万忠：《国际海事诉讼法》，世界知识出版社，2009年版，第34页。

项有关的请求：

（1）船舶所有权或船舶按份所有权。

（2）船舶占有、交付、使用或收益。

（3）船舶买卖协议，或有关船舶所有权、占有、使用或收益协议。

（4）任何抵押、船货抵押、留置权、质押或其他船舶的债务负担，或者任何冒险押船贷款或货船抵押贷款协议。

（5）由船舶所致或船舶所承受的损害，不论是否由于碰撞原因。

（6）由船舶或船舶缺陷或与船舶使用有关的事由所致的死亡或人身伤害。

（7）由船舶所运载或应该有船舶所运载的货物（包括船长、船上官员或其他海员的行李及其他个人所有物）的损失或损害，不论该请求是否产生于协议。

（8）由船舶进行的货物运输，或此种运输的协议或与此种运输相关的协议。

（9）集装箱或与集装箱有关的协议。

（10）租船合同或者船舶的使用或租赁或运营，不论该请求是否产生于协议。

（11）包括飞机救助在内的救助，救助报酬的分享和救助财产或其他救助物有关的任何权利，及根据1996年《海难和救助法》产生的任何请求。

（12）拖带或引航。

（13）为船舶使用、维修、保护或维护而进行的货物供应或服务的提供；或通过飞机、船舶或其他工具所提供的相关服务。

（14）向或从船舶运送人员或货物，或向在船舶上或自船舶下卸的人员提供的医疗或其他服务，或与此类人员相关的医疗或其他服务的提供。

（15）船长、托运人、承租人、代理人或其他人为或代表船舶、船长或承租人所作的开付或支出。

（16）委派充当或作为或未能作为下列角色而行事的人的酬劳，或所作付款或支付行为，或行为或疏忽：①作为船舶或船载货物的代理人；②租赁、买卖，或任何有关船舶或船载货物的协议，或有关船舶或第3条第5款所指财产保险协议方面的经纪人；③有关上述事项的顾问或律师。

（17）船舶的设计、建造、修理或安装。

（18）船坞费、港务费或其他类似费用。

（19）船长、船上官员或海员的雇佣，包括此类人员的酬劳，有关此类人员养老基金、福利备用基金、医疗救助基金、救济基金及其他类似基金，与船长、官员或海员有关或为其利益而成立的社团或机构的捐助。

（20）共同海损或主张为共同海损行为的任何行为。

（21）海上保险或海上保险单。

（22）船舶或船载货物的没收，或者被没收船舶或货物的归还。

（23）船东的责任限制或者有权主张类似责任限制的任何其他所有的责任限制。

（24）为拥有海事管辖权或此类法院的官员所掌管或按其指示进行的基金的分配。

（25）海事优先权。

（26）由于石油或其他船舶上或从船舶排放的物质所致的海洋污染。

（27）有关海事请求的判决或裁决。

（28）有关或涉及第3条第5款所指的任何财产的不当或恶意诉讼、扣押。

（29）涉及第3条第5款所指财产或任何船舶上人员的海盗、破坏或恐怖行为。

（30）不隶属上述各段所列事项的而在本法实施之前为1890年《殖民地海事法院法》所指的海事法院有权行使管辖权的任何事项，或现在的海事法院有权行使管辖权的任何事项。

（31）根据其性质或客体为海事或海商事项的任何其他事项。

（32）涉及或产生于与上述所列任何事项，包括为确立管辖权而进行的财产扣押、担保的提供或解除，以及利息支付在内的附属事项有关的任何请求的责任分担、补偿或损害赔偿。

南非在海事诉讼法中地位特殊，以其"关联船"制度最为特色和出名。上述32种海事请求几乎囊括了国际海事立法中的所有类型，除此之外，其省、地区法院或高等法院的巡回法庭还可以裁定除法律规定的其他的海事请求是否为南非法院管辖。

（四）加拿大

加拿大《联邦法院法》第22条第2款对海事请求做了列举：

（1）船舶物权、占有或所有权，或其中任何利益的请求，或有关船舶出售所得或其中任何利益的请求。

（2）在船舶共有人之间产生的涉及船舶占有、使用或收益的任何请求。

（3）与船舶抵押、债务或其中任何利益或者以船舶或其中任何利益或货物作为担保物的冒险抵押贷款或货船抵押贷款性质的任何债务负担相关的请求。

（4）由船舶在碰撞或其他场合致人死亡或人身伤害的赔偿请求。

（5）船舶所受的损害或损失，包括在船舶上或在船舶装载或从船舶卸载货物或属具或其他任何财产损害或损害赔偿的请求。

（6）基于根据联运提单或意欲签发的联运提单进行货物运输的协议，就运输中任何时空所发生的货物损失或损害所提出的任何请求。

　　(7)与船舶运营有关死亡或人身伤害的赔偿请求,包括因船舶、属具或设备缺陷,船东、承租人、占有或控制船舶的人,或船长或船员以及包括船东、承租人或占有或控制船舶的人对其不当或疏忽负责的任何其他人的不当行为所致的死亡或人身伤害的赔偿请求。不当行为包括管船行为疏忽,货物的装卸,人员的运载或下载,或与人员或货物运送相关的行为。

　　(8)船载货物损失或损害的赔偿请求,包括旅客行李或私人财物的损失或损害的赔偿请求。

　　(9)产生于货物或人员运输,或者船舶使用或租赁协议的请求。

　　(10)与救助相关的请求,包括在飞机如同船舶时对飞机上人员、货物或财产进行的救助或由飞机进行的救助而产生的请求。

　　(11)关于船舶拖带或在飞机在水上时有关飞机拖带所产生的请求。

　　(12)关于船舶引航或在飞机在水上时有关飞机引航所产生的请求。

　　(13)与为船舶运营或维修而向船舶提供的货物、物质或服务相关的请求,包括涉及码头装卸和驳运有关的请求。

　　(14)与船舶建造、修理与安装合同相关的请求。

　　(15)船长、船上官员或海员就工资、钱款、财产或由于雇用所产生其他酬劳或利益而提出的请求。

　　(16)船长、承租人或船舶代理人就为船舶利益而作的支出,或托运人就为船舶利益所作的预付款而提出的请求。

　　(17)有关共同海损分配的请求。

　　(18)因码头费、港务费或运河通行税,包括所提供的有关设施的使用费而产生的请求。

　　以上海事请求仅为例示性列举,法院除对上述海事请求拥有管辖权之外,对其他依法提出的法律补救或救济请求也拥有初审管辖权。也就是说初审管辖权范围扩张至航海和海上运输的联邦政府宪法性权利范围内的所有事项。① 相比《扣船公约》和英国海事请求,加拿大《联邦法院法》第22条第2款开头就规定"不对第一款内容作出限制"②并说明,下面列举的内容更加明确。因此,该款所列举的海事请求内容并不是"完全的",而是"开放性的",其所列内容仅是根据《联邦法院法》第22条第1款的规定由审判庭作出最初、总体判决的请求类型的例子。

①　*Report No 33 of the Australia Law Reform Commission*, para. 194.

②　*Federal Court Act*, § 22(2)

(五)美国

美国的海事请求并未用罗列式做具体列举,而是做了概括性归纳。可分为以下几类:

(1)海商合同产生的请求。美国海商法的目的非常明确,保护海上贸易。属海商合同纠纷产生的请求必属管辖权范围。而对于混合性质的合同,只要索赔产生于对海事义务的违反,或者合同的非海商部分仅是海商部分的附属部分都会属于管辖范围。①

(2)海事侵权产生的请求。美国海事管辖权要求此类海事请求要满足三个条件:发生在可航水域②;与传统海上行为有实质联系;对海上贸易有潜在破坏。③

(3)尚无定论的请求。由于海事活动而产生的准合同请求;发生在可航水域但与海事无关的侵权行为产生的请求;与航运业务有间接关系的侵权行为产生的请求;产品责任产生的请求。④

(4)不属于传统海事管辖范围的请求。主要包括船舶建造合同的请求;租船合同中间人费用给付产生费用的请求;非航行船舶提供服务之请求;取消抵押船舶回赎权产生的请求;甚至还包括钻井平台上发生的人身伤亡索赔请求。⑤

三、我国海事请求保全的范围

(一)立法现状

在《海诉法》及相关司法解释中,我国海事法院对涉及海事物权、海事侵权、海事合同、海难救助、海事执行、共同海损、海事请求保全、海事行政管理等事项有权管辖。最高法院 2016 年《关于海事法院受理案件范围的规定》(简称《受理规定》)就具体海事管辖客体作了规定,2020 年 12 月,最高法院公布修改后《民事案件案由规定》中的"海事海商纠纷"列举了 55 种案由。其中包括:船舶碰撞损害赔偿纠纷,船舶触碰损害赔偿纠纷,船舶损坏(空中或水下设施)损害赔偿

---

① [加]威廉·台特雷:《国际海商法》,张永坚等译,法律出版社,2005 年版, 第 351 页。
② 可航水域须是事实上具备可航性并且是已经使用或者是具备商业航行使用性质的水域。
③ [加]威廉·台特雷:《国际海商法》,张永坚等译,法律出版社,2005 年版, 第 351 页。
④ [美]G. 吉尔摩、C. L. 布莱克:《海商法》,中国大百科全书出版社,2000 年版,第 351 页。
⑤ [美]G. 吉尔摩、C. L. 布莱克:《海商法》,中国大百科全书出版社,2000 年版,第 17 页。

纠纷,船舶污染损害赔偿纠纷,海上、通海水域污染损害责任纠纷,养殖损害责任纠纷,财产损害责任纠纷,人身损害责任纠纷,非法留置船舶、船载货物和船用燃油、船用物料损害赔偿纠纷,海上、通海水域货物运输合同纠纷,海上、通海水域旅客和行李运输合同纠纷,船舶经营管理合同纠纷,船舶买卖(建造、修理、改建和拆解)合同纠纷,船舶抵押合同纠纷,航次租船合同纠纷,船舶租用合同纠纷(定期租船合同纠纷、光船租赁合同纠纷),船舶融资租赁合同纠纷,海上、通海水域运输船舶承包合同纠纷,渔船承包合同纠纷,船舶属具和海运集装箱租赁、保管合同纠纷,港口货物保管合同纠纷,船舶代理合同纠纷,海上、通海水域货运代理合同纠纷,理货合同纠纷,船舶物料和备品供应合同纠纷,船员劳务合同纠纷,海难救助纠纷,海上、通海水域打捞合同纠纷、拖航合同纠纷,海上、通海水域保险、保赔合同纠纷,海上、通海水域运输联营合同纠纷,船舶营运借款合同纠纷,海事担保合同纠纷,航道、港口疏浚合同纠纷,船坞、码头建造合同纠纷,船舶检验合同纠纷,海事请求担保纠纷,海上、通海水域运输重大责任事故赔偿纠纷,港口作业重大责任事故赔偿纠纷,港口作业纠纷,共同海损纠纷,海洋开发利用纠纷,船舶共有纠纷,船舶权属纠纷,海运欺诈纠纷,海事债权确权纠纷。另外还在"海事诉讼特别程序案件"部分规定了:①申请海事请求保全(申请扣押船舶、申请拍卖扣押船舶、申请扣押船载货物、申请拍卖扣押船载货物、申请扣押船用燃油及船用物料、申请拍卖扣押船用燃油及船用物料);②申请海事支付令;③申请海事强制令;④申请海事证据保全;⑤申请设立海事赔偿责任限制基金;⑥申请船舶优先权催告;⑦申请海事债权登记与受偿。

　　这是目前为止,我国对海事案由最具体细致的规定。与上述几个国家相比,我国还未做出规定的有:①海军夺获敌船财产权的请求等;②拥有海事管辖权或此类法院的官员所掌管或按其指示进行的基金的分配;③船舶上人员的海盗、破坏或恐怖行为;④有关一般性海事请求的利息的请求。

　　与海事法院的管辖范围相比,《受理规定》的受案范围更为广泛,但凡涉及海上、沿海、通海可航水域、港口,涉及船舶与航运有关的一审海事案件,均由海事法院受理。其规定的海事法院管辖海事行政案件,可防止海事行政主管机关对案件的干预。根据 WTO 规则透明度原则,对原有海事案件受案范围的管辖兜底条款中的新类型案件应予列明并公布。①但是,我们应看到《受理规定》中的海事案由过于原则和概括,如某一案由中很多层次的问题被数个字概括,确定性

---

　　①　张湘兰、张辉:《"入世"与中国海运服务贸易法律制度》,《武大国际法评论》(第一卷),武汉大学出版社,2003 年版,第 237 页。

差会直接导致可操作性差,而且规定也远未全面。由以上对英国、加拿大、澳大利亚、南非、美国的分析,可在一定程度上借鉴它们关于海事请求的表达模式。

(二)我国海事请求范围的构建

海事诉讼的管辖权与海事请求息息相关。综合以上,借鉴前述各国对海事请求的分类并结合我国传统,笔者认为,海事请求的范围可以按海事诉讼客体的整体分类先分为涉船和涉海两大类。涉船分为:船舶物权(包括用益物权和抵押物权)、船舶保养维修、船舶所致(人或货)或所受损害、船舶运输协议、船舶租赁协议、救助、船员工资及福利;涉海包括港口支出、共同海损、海上保险、承运人责任限制、海洋污染、海上恐怖行为;其他海事事项为海事诉讼或临时性措施、海上行为衍生之利息与基金。

海事请求的范围可这样表述:"海事请求"指以下一种或一种以上事由引起的可以提起海事诉讼或申请执行海事临时措施的请求:

(1)有关船舶所有权(占有、使用、收益、处分)或船舶按份所有或共同所有权合同和纠纷的任何请求;

(2)涉及船货优先权、留置权、抵押权、其他担保物权及无担保物权的请求;

(3)船舶买卖、租赁协议之请求;

(4)由船舶所致或船舶所承受的损害之请求;

(5)与船载货物或人员权利或费用相关之请求;

(6)与船舶运输方式(如集装箱)及运输合同相关之任何请求;

(7)由包括飞机救助在内的救助,救助报酬的分享及救助财产或其他救助物有关的任何权利产生的任何请求;

(8)拖航和引航行为及费用之请求;

(9)与船舶设计、建造、安装、使用、维修、保护、维护、检验所花费之服务或货物之供应的请求;

(10)船长、托运人、承租人、代理人或其他人为或代表船舶、船长或承租人所作的开付或支出之请求;

(11)为船舶工作之人员的酬劳、社会保障及其他福利待遇的请求;

(12)为船舶工作人员福利而成立的社团或机构相关事项之请求;

(13)共同海损主张或行为及费用分摊之请求;

(14)与海上保险相关事项之请求;

(15)船舶对环境、海岸或者有关利益方造成的损害或者损害威胁;为预防、减少或者消除此种损害而采取的措施;为此种损害而支付的赔偿;为恢复环境而实际采取或者准备采取的合理措施的费用;第三方因此种损害而蒙受或者可能蒙受的损失;以及与本项所指的性质类似的损害、费用或者损失;

（16）与海上恐怖行为如海盗、破坏等相关之请求；

（17）与水产养殖损害赔偿相关之请求；

（18）为拥有海事管辖权或此类法院的官员所掌管或按其指示进行的基金的分配；

（19）船坞费、港口费等相关请求；

（20）海事请求之利息之请求；

（21）船东的责任限制之请求；

（22）有关海事请求的判决和裁决之请求；

（23）上述海事请求之外而为 2016 年《关于海事法院受理案件范围的规定》和 2020 年 12 月最高法院公布修订的《民事案件案由规定》所指的海事法院有权行使管辖权的任何事项，或现在的海事法院有权行使管辖权的任何事项之请求；

（24）根据其性质或客体为海事或海商事项的任何其他事项之请求；

（25）涉及或产生于与上述所列任何事项，包括为确立管辖权而进行的财产扣押、担保的提供或解除的附属事项有关的任何请求的责任分担、补偿或损害赔偿之请求；

（26）此规定以后制定或生效的法律法规或海事法院行使的与船舶或水域相关的任何海事请求。

其中第（1）至（12）项涉及船舶，第（13）至（17）项涉及海上及通海水域，第（18）至（22）项涉及海事诉讼及其他海事请求，第（23）至（26）项为"兜底项"剩余类型的海事请求，包括过去及未来。

上述海事请求的范围决定着海事请求保全的范围，从以上 26 类海事请求中可见，很多表述为"……相关之请求"，与海事因素相关的请求我们可以分为几类，那么请求保全的对象也可以分为几类。船舶或财产仅满足金钱类债权请求，如果请求人最终的诉求不是财产而是被请求人为某项行为或不为某项行为呢？是为财产保全而先期需要法院对支持财产保全而需要提供的证据进行保全呢？是通过暂时限制被请求人或与案件相关的其他人的行动而避免损失的进一步扩大呢？海事请求人的需求是多种多样的，因此海事请求保全措施的对象肯定也不是单一的。《海诉法》中海事请求保全的对象仅限为财产，笔者认为这是由于受民事保全制度的影响而产生的局限。下面通过对海事请求保全措施的其他对象的分析来进一步明确海事请求保全的管辖权范围。

四、海事请求保全措施对象拓析

(一)称谓的确定

在海事请求保全中,海事法院依海事请求人申请采取强制措施的指向,称为海事请求保全的客体、标的还是对象,令笔者思索不定,有学者称之为"海事请求保全措施所指向的对象"[①]。海事请求保全的主体是海事法院,客体与主体相对,是主体行使权利的活动和义务人履行义务的活动,海事请求保全的客体就应该是海事法院依法实施的保全行为。标的是指当事人双方权利义务指向的对象,它可以为物,也可为行为或权利,海事请求保全的标的应是请求人的海事请求权。在民事诉讼法中,法院采取强制措施使之处于可控制状态的物我们可称之为对象,以保证民事请求;在海事请求保全中我们也称海事法院依海事请求人申请采取强制措施的对象为海事请求保全措施的对象。

(二)问题的提出

海事请求保全制度的理论来源是民法中财产保全制度,这由两者的概念可以看出。《海诉法》第 12 条规定:"海事请求保全是指海事法院根据海事请求人的申请,为保障其海事请求的实现,对被请求人的财产所采取的强制措施。"《海诉法》司法解释第 18 条规定:"海事诉讼特别程序法第十二条规定的被请求人的财产包括船舶、船载货物、船用燃油以及船用物料。对其他财产的海事请求保全适用民事诉讼法有关财产保全的规定。"在民事诉讼法及司法实践中,保全仅指财产保全。但是民法学者对此也有质疑的声音:"从我国现行《民事诉讼法》及有关审判解释可以看出,我国民事保全的对象非常单一,仅仅限于财产保全一种,难以适应司法实践的需要。"[②]财产保全仅是满足请求人金钱债权的请求,其适用的案件类型界定为金钱请求的案件。对于通过责令当事人为一定行为或禁止其为一定行为来达到保全的目的请求,则无法纳入保全范围,在实践中出现不便。早在 20 世纪 90 年代,就有学者对在海事请求保全客体的讨论中,提出了将行为保全纳入海事请求保全的范围的观点[③];我国《海事诉讼特别程序法》草稿(1996 年第六稿)也曾以"财产保全"和"行为保全"分设两章。其中财产保全就是现在的海事请求保全,而行为保全则是海事强制令。最终出台的《海事诉讼特别程序法》规定了海事请求保全与海事强制令。海事请求保全是针对请求人

---

① 金正佳、翁子明:《海事请求保全专论》,大连海事大学出版社,1996 年版,第 3 页。
② 王福华:《民事保全制度研究》,中国政法大学博士论文,2005 年,第 73 页。
③ 金正佳、翁子明:《海事请求保全专论》,大连海事大学出版社,1996 年版,第五章。

的财产,就是海事诉讼中的财产保全。应当说,在称谓上,"海事请求保全"相对于"财产保全"更为恰当一些。至少"海事请求保全"能清楚地表明保全的标的是申请人的海事请求,而不是被申请人的财产(肇事船舶及其货物),遵循了保全的原意。这或许也是《海事诉讼特别程序法》定稿中最终选择"海事请求保全"的理由之一。但是海事请求是丰富多样的,难道仅有金钱性财产请求吗?显然不是,例如:货主要求承运人交付货物的请求、托运人要求承运人签发提单之请求、船舶所有人要求承运人交回船舶之请求算不算海事请求权呢?根据上述对海事请求的界定,在我国,涉船或涉海的海事纠纷之请求均为海事请求,那么,无论是货主要求承运人交付货物、托运人要求承运人签发提单还是船舶所有人要求承运人交回船舶均是既涉海又涉船,可确定为海事请求。但是,上述三个海事请求人要求保全的就不是金钱性财产,而是被请求人的作为或不作为。因此,行为能否作为海事请求保全的对象就非常值得探讨。而除此之外,对于海事请求保全对象的讨论是不是就结束了呢?

(三)海事请求保全措施中的行为保全

海事行为保全指海事法院根据海事请求人的申请,为保障其海事请求的实现,在诉讼(仲裁)前或诉讼(仲裁)中责令被请求人作为或者不作为的强制性措施。

广义上讲,民事保全制度包括财产保全、行为保全、证据保全等。其共同特点是"保全",即法院采取法定措施保全特定事务。英美国家的保全制度就是从广义上对保全制度加以界定。行为保全,已经是世界很多国家和地区的立法选择。大陆法系的假处分程序,其对象是非金钱请求,自然包括行为。我国台湾地区"民事诉讼法"第七篇保全程序,第532条至第537条规定了假处分制度。所谓假处分是指"债权人就金钱以外之请求,因请求标的之现状变更,日后有不能强制执行或甚难执行之虞,欲保全强制执行,由法院准许债权人申请所为暂时性之处分措施"。德国《民事诉讼法》第940条规定:"因避免重大损害或防止急迫的强暴行为,或因其他原因,对于有争执的法律关系,特别是继续性的法律关系,有必要规定其暂时状态时,可以实施假处分。"与大陆法系不同,英美法系是通过"中间禁令"来规范行为保全的。英国的"玛瑞瓦禁令"的保全对象既可以是财产也可以是行为,其表现形式是强制或禁止被请求人为一定行为。当所禁止的是被请求人转移财产的行为时,实质就是财产保全;当禁止的是被请求人为一定的不涉及财产的纯行为时,其保全对象实质上就是行为。美国联邦民事诉讼规则第65条将中间禁令区分为预备禁令(preliminary junction)和临时禁令(temporary restraining order)。中间禁令是为了维持现状,即禁止被告去做一些事或采取一些行动。①

1.行为保全的民法支持

从罗马法中的占有禁令,教会法的占有权救济到英美法的中间禁令,大陆法的假处分来看,行为保全和财产保全一样,有着悠久的历史,也同样发挥着重要的、不可替代的作用。设置行为保全制度的目的在于避免当事人或者利害关系人的利益受到不应有的损害或进一步的损害。行为保全制度的确立,最早可以追溯到古罗马时代。在罗马法中,禁止令状就是早期行为保全制度的体现。禁止令状是罗马执政官根据受害人的请求而发布的禁止从事某项行为的命令,通常所涉及的利益具有准公益性。某种程度上,罗马法的禁止令状已经具备了现代意义上的行为保全的雏形。罗马帝国崩溃之后,经过教会法、欧洲王室法的发展,直到14世纪末15世纪初,英格兰的大法官创立了衡平法管辖权,提供禁止令救济,从而真正建立起了英美法中的行为保全制度——中间禁令。法兰西和德意志王室法在13世纪及其后来,经历了巨大的变化,开始越来越明显的不同于英格兰王室的法律,诉讼程序变得越来越学理化和复杂化。19世纪70年代随着德国民事诉讼法典的颁布,以假处分为标志的行为保全首次确立下来,大陆法系的行为保全制度由此逐步走向定型化。近代,行为保全在两大法系被完整地确立起来,其代表就是英国、美国的中间禁令程序和德国、日本的假处分程序。中间禁令是法院根据申请人的请求在审理前或审理中给予申请人的一种临时救济,在美国被称为"非常的法律救济"。中间禁令要求被申请人不得继续实施不法行为或停止实施威胁性的行为。假处分是就金钱请求以外的或得益为金钱请求之外的请求,为防止现状变更而采取某种强制措施,或就争执的法律关系维持暂时状态的一项程序活动,适用的情形有两种:一是当请求的特定物或行为有现状变更之危险,如特定物将有灭失或毁损的危险;债务人应为某种行为,但其有逃匿的举动。二是当争执的法律关系有定暂时状态之要。把行为纳入保全的客体之中,从理论上说,凡给付之诉,无论给付内容为财产还是行为,都可能存在保全的原因,行为保全是对非金钱债权请求之保全,与一般财产保全存在很多不同之处,在保全的功能上,能妥善弥补财产保全的不足,与财产保全起着互补的作用。

把行为纳入保全的客体之中,必须处理好以下几方面的关系:①行为保全与财产保全的关系。将行为保全纳入财产保全制度之中,作为财产保全的特殊规定。②行为保全与先予执行的关系。二者都属于法院对诉讼程序问题作出的中

---

① 贺万忠:《国际海事诉讼法》,世界知识出版社,2009年版,第206页。

间裁定,但行为保全与先予执行是两种不同的诉讼制度,不能任意取代。③行为保全与强制执行的关系。在我国民事诉讼中行为可以成为强制执行的客体这一点上,与大陆法系规定一致,即行为保全的执行一般准用强制执行中作为、不作为请求执行的规定。但在我国《民事诉讼法》中,充当强制执行客体的行为仅指作为,而不包括不作为,因此,行为保全制度的建立和运行还有赖于整个诉讼制度的协调与完善。① 从我国现行《民事诉讼法》及有关审判解释可以看出,我国民事保全的对象非常单一,仅仅限于财产保全一种,难以适应司法实践的需要。横向比较,从两大法系国家民事诉讼立法观察,则除了财产保全以外,还有对行为的保全,也即通过责令当事人为一定行为或禁止其为一定行为来达到保全的目的。原因在于,单纯的财产保全并不能够覆盖民事诉讼实践中保全对象的全部形态,财物之债的保全固然可以通过财产保全制度的适用来实现,而行为之债的保全则可能需要通过行为保全机制来完成。② 为此,有学者主张,将来应该"在财产保全的基础上,增加行为保全的内容,即通过建立行为保全制度,补充和完善我国的保全制度"③。

2. 行为保全纳入海事请求保全措施的必要性和可行性

实践是理论的发动机。在海事审判实践中,行为保全的身影早已出现。1992年7月,香港明华船务公司的"卡西亚"轮在山东龙口港受载1万吨水泥,该批货物的托运人广东省外贸开发公司因为未能落实国外买家而迟迟不肯办理货物结关手续,致使该轮不能开航,滞留了一个多月。8月28日,明华船务公司向广州海事法院起诉,请求海事法院裁定船舶立即海航,并请求托运人赔偿船舶滞期损失。广州海事法院受理立案后,认为原告关于裁定立即开航的要求,在操作程序上无法可依。适用先予执行的程序又不完全符合民事诉讼程序法规定的使用范围和条件,但在没有其他出路的情况下,为保护当事人的合法权益,海事裁定准予原告的先予执行申请,责令托运人立即卸货。④ 在1999年《海诉法》出台之后,案中类似的情况当然可以依海事强制令的程序处理,但是如果把行为保全纳入海事请求保全的范围,法院便可执行海事请求保全措施,责令托运人强制卸货。

《海诉法》将含义为行为保全的措施纳入第四章海事强制令中,定义海事强制令为:海事法院根据海事请求人的申请,为使其合法权益免受侵害,责令被请

---

① 参见江伟、肖建国:《民事诉讼中的行为保全初探》,《政法论坛》1994年第3期。
② 齐树洁主编:《民事程序法》,厦门大学出版社,1998年版,第145页。
③ 金正佳、翁子明:《论建立行为保全制度》,《人民司法》1997年第1期。
④ 金正佳、翁子明:《海事请求保全专论》,大连海事大学出版社,1996年版,第221页。

求人作为或者不作为的强制措施。根据此定义,海事强制令意为使当事人行为处于法院可控范围之内,以避免损失的扩大,在保护请求人利益的同时也保护了被请求人的利益。海事强制令这一概括笔者认为有不妥之处。如果定义行为保全为海事强制令,则会导致概念的模糊。因为无论是海事请求保全、海事证据保全或是人身保全都可成为海事强制令,有海事事由、由法院裁定执行的强制性措施的命令都可称作海事强制令,何以只有行为保全能得如此称谓?

在条文设置上,《海诉法》第三章第一节海事请求保全一般规定与第四章海事强制令,除后者在第 56 条多了作出海事强制令应具备的条件和第 59 条被请求人不执行海事强制令的法律后果外,其余 9 条的规定一模一样。且第 56 条规定:"请求人有具体的海事请求……"也就是说只有有权申请海事请求保全的人才能申请海事强制令,在申请人的权限范围上两者也是一致的。如果将其纳入海事请求保全的范围,不会出现管辖范围上的冲突,还会丰富现有海事请求保全理论的内涵,使两者在程序上更加统一,操作上更加快捷方便。

(四)海事请求保全措施中的证据保全

海事证据保全是指海事法院根据海事请求人的申请,为保障其海事请求的实现,在诉讼(仲裁)前或诉讼(仲裁)中对与其请求相关的证据予以提取、保存或者封存的相关强制性措施。

英美法民事保全制度中的临时性救济措施将证据保全涵盖其中,大陆法系中也有一些国家承认证据保全属于临时性保全措施。在荷兰,保全性询问证人令可作为临时性保全措施,在司法实践中法院也颁布过此命令。在比利时、法国和荷兰,法院曾裁定指定专家,也属于临时性保全措施。在我国现行立法中,海事请求保全不包括证据保全,虽然证据保全经常与其他保全措施交织在一起。海事证据保全规定在《海诉法》第五章中:"海事证据保全是指海事法院根据海事请求人的申请,对有关海事请求的证据予以提取、保存或者封存的强制措施。"与海事请求保全分章而治,但是同前述行为保全一样,第五章的内容除第 67 条"申请海事证据保全的请求人是海事请求的当事人……"之外同第三章第一节海事请求保全一般规定几乎一致。而第 67 条中对于请求人的限制也正好说明了与海事请求保全的申请范围保持一致。

(1)海事证据保全往往是申请海事请求保全的前提。《海诉法》第 15 条规定海事请求人申请海事请求保全要提供相关证据,在必要紧急的时候如没有证据保全,海事请求保全也就成为不可能的了。同样,《海诉法》第 54 条规定,在申请海事强制令时,也要附相关证据。同样没有证据保全,申请海事强制令也不可能。就是申请了,没有证据支持,也会被法院驳回请求。

重庆对外贸易进出口公司与日本某通商株式会社,签订了进口 5000 吨角钢的合同。前者于1993年4月26日取得提单。提单项下货物由土耳其舍瑞荷古里拉公司的"亚非斯"轮承运。提单的签发日期是1993年3月31日,但是该轮延迟4个多月才抵达黄埔港。收货人怀疑船公司有预借提单和不合理绕航的行为,但是没有掌握船公司预借提单和不合理绕航的直接证据。收货人试图通过船长取得有关证据,但是未能成功。在该轮即将离港的紧急情况下,收货人重庆对外贸易进出口公司只好向广州海事法院申请,对"亚非斯"轮该航次的有关资料进行海事证据保全。广州海事法院立即采取紧急措施,在该轮离港之前,派员登上该轮查阅并提取了有关预借提单的证据。随即,重庆对外贸易进出口公司依据保全的证据,向广州海事法院提出了扣押"亚非斯"轮的申请,迫使船公司提供了220万美元的担保,保全了海事请求权。[①]

该案中,法院对"亚非斯"轮进行证据保全后,海事请求人才能依此证据请求扣船,可见,海事证据保全往往是申请海事请求保全的前提,甚至可以说是构成后者的重要组成部分。

(2)海事证据保全与海事财产保全也常发生竞合,成为财产保全必不可少的有机组成部分。在海事司法实践中,海事强制令(行为保全)与海事请求保全(财产保全)、海事证据保全在适用范围上竞合。例如海事请求人要求对船舶实施活扣押,这种请求是属于海事请求保全还是属于海事强制令? 海事请求人要求派验船师上船对船用吊机、抓斗等装卸设备进行检验,并作出检验报告,这种请求属于海事证据保全抑或海事强制令? 海事请求人(海难事故死难船员家属)要求碰撞当事船舶向法院提交保险公司对涉案保险事故出具的保函原件,这种请求属于海事请求保全、证据保全还是海事强制令? 被请求人的财产不能满足保全需求,其对第三人有到期债权的,请求人申请法院责令第三人不能向被请求人给付,这种请求属于财产保全还是海事强制令?

2006年1月17日,"桂北渔95538"号渔船在琼州海峡与巴拿马籍货轮"齐航(QI HANG)"号发生碰撞,造成该渔船沉没,船上五名船员死亡,一人失踪,仅一人生还。事故发生后,海南海事局进行了调查处理。当时,西英格兰船东互保协会向"桂北渔95538"号渔船船东出具了担保赔偿金额为560万元的保函。事隔三个月,未得到任何补偿的遇难者家属文某等人无奈之下,将渔船船东余扬威及"齐航"号货轮的所有人诉至北海海事法院。为保证案件将来判决得以顺利执行,原告向该院提出财产保全申请,请求查封、冻结西英格兰船东互保协会向余扬威出具的保函。因事故发生地、事故处理单位均在海南,原告穷尽所能也无

---

① 金正佳、翁子明:《海事请求保全专论》,大连海事大学出版社,1996年版, 第25页。

法提供碰撞船舶所有人的详细情况及海难事故有关证据,遂申请该院到海南调查取证。该院合议庭接到申请,经合议后,依法裁定准许原告上述申请。5 月 26 日该院审判人员赶赴海南进行财产保全及调取证据。经调查,西英格兰船东互保协会出具的保函原件不在海南海事局,也不在余扬威手里,而在余扬威委托代理处理船舶碰撞事故的广州某律师手里。该院合议庭认为该份保函为本案原告获得赔偿的重要财产凭据,其项下财产应依法予以冻结,原件应由法院予以扣押。为此,决定当即前往广州提取保函原件。经工作人员说明情况后,广州某律师主动向该院提交了此保函原件。最后该院也从海南海事局成功调取到案涉船舶证书、事故报告书及调查询问笔录等重要证据 14 份,共计 160 余页。

北海海事法院成功保全了这起涉外重大海上人身伤亡损害赔偿案案涉的巨额财产及案件的重要证据,为该案件的公正审判和执行提供了重要保证。

上述案例中,海事请求人的请求,证据的保全与财产的保全夹杂在一起,法院在处理一起海事纠纷时,财产保全、行为保全和证据保全是不可分割的。只是在理论上和法条上,此三者被人为割裂。海事证据保全是海事请求保全和海事强制令的前提或重要组成部分,三者在内在机理上应属于海事请求保全这一统一体系。

根据相关国际公约的规定,受理海事请求保全的海事法院对该海事纠纷的实体问题具有管辖权,而受理海事证据保全的法院则未必。如把海事证据保全纳入海事请求保全,这会减少立法上的不协调,减少管辖权冲突。

笔者建议,现存的海事强制令和海事证据保全可以纳入海事请求保全体系以使这一制度理论上更加丰满,内部的程序操作更加协调,形成体系性的海事请求保全制度。

除了海事行为保全和海事证据保全,笔者认为海事请求保全的对象还应该包括海事人身保全。

(五)海事请求保全措施中的人身保全

海事人身保全措施是指海事法院根据海事请求人的申请,为保障其海事请求的实现,在诉讼(仲裁)前或诉讼(仲裁)中,对被请求人的人身采取的有条件的强制性措施。

人身保全措施源自日、德、法等国刑事诉讼理论。日本刑法学者冈田朝太郎教授认为:人身保全乃维持现状之谓,非保护也。[①]人身毕竟不同于财产、行为和

---

① [日]冈田朝太郎、小河滋次郎、志田钾太郎口授,郑言笔述,蒋士宜编纂:《检察制度》,中国政法大学出版社,2003 年版,第 53 页。

证据,人身保全措施的对象是人,诉前人身保全面对的是一个还未最终定罪的人,因此这种措施面临着一个无法回避的问题,即它剥夺了一个尚未最终被判定有罪的人的人身自由,而这有违无罪推定原则。因此在刑事措施中,它被慎之又慎地对待。在民事诉讼法中,它是对在个人信用普遍缺失、信用威慑机制不健全、人口流动频率不断提高、执行难等背景下对恶意隐匿逃债的债务人采取的措施,通过此项措施,真正实现让有理有据的当事人打得赢官司;让打得赢官司且有条件执行的当事人及时实现权益的目的。

在海事请求保全制度中引入海事人身保全措施有重要意义。如在上述"桂北渔95538"号渔船案中,如果船东余扬威手持西英格兰船东互保协会向"桂北渔95538"号渔船船东出具的560万元的保函并隐匿,即便法院判决海事请求人胜诉,也已无可执行的财产。再假定船东只有被撞毁的一艘渔船,手上也已无可扣押之其他财产。在根据相关线索查到船东余扬威的行踪之情况下,海事法院对余扬威实行人身保全直至其提供足够担保或提供其居所地址,就可解决其逃匿而使判决无法执行的困境。人身保全可在诉前或仲裁前依海事请求人请求执行也可在诉中或仲裁中由请求人申请或法院依情形执行。

对于诉前人身保全中无法回避的对人身自由限制的问题,笔者认为,只要确定了合适的程序、救济及补偿方案,就能抵消该消极因素,实现海事请求保全更全面和更高层次的价值。

海事请求保全的目的有两个:一是以保全将来判决强制执行为目的;二是为停止侵害以避免无法弥补的损失为目的。财产保全体现了第一个目的,行为、证据、人身保全则体现了第二个目的。四种保全措施归于一个体系,在功能上使海事请求保全制度更加完善。

在海事管辖权中,大陆法系被称作"权利独立于救济",意指:在美国①和民法法系国家,管辖权纯粹被当作程序问题处理,这些国家的民事诉讼程序法或相关法令通常会有明文规定。而在普通法系下,特别是在英国,法律不会规定具体的管辖权,哪些请求可以由海事法院管辖是由传统的海商法②决定。这些请求可以被强制执行,不是因为法律把他们规定为实体法下的权利,而是因为按照调整法院管辖权的成文法所建立起来的海事法院能够为规定的请求提供救济方式。所以,普通法下的管辖权是"救济产生权利"。

---

① 虽然美国是普通法系国家,但是在海事法中,美国有明显的民法法系传统,美国海事法包括海商法典和其他成文法。

② 所谓传统的海商法是指古老的海事高等法院判例的案例法,为非成文法。

通过以上对海事请求保全范围和海事请求保全措施对象的分析,我国的海事请求保全的管辖权范围应为海事请求人的财产、行为、证据及人身保全的海事请求。海事请求保全着眼于保全海事请求人的利益,以为其提供救济为全部目的。海事请求保全措施的对象拓展后,对海事请求人的救济将更加全面而系统。所以,海事请求保全的管辖权是权利产生救济。

第二节　海事请求保全的管辖权冲突

海事请求保全的管辖权冲突主要是指作为独立程序的海事请求保全管辖权与案件实质问题管辖权的冲突,即非实体管辖与实体管辖的冲突。海事请求保全程序是海事诉讼程序的先期独立程序,它可独立存在也可独立启动,这与普通民事保全程序从属于本案诉讼的程序不同。海事纠纷的涉外性使实体管辖法院所在地往往与被保全财产所在地、涉案证据所在地发生分离。这种保全程序与实体程序的分离引发了一国不同法院、不同国家法院之间的管辖权冲突,也就是非实体管辖权与实体管辖权①的冲突。这种冲突既有积极冲突也有消极冲突。

一、海事请求保全措施管辖权的独立性

历史上,临时性保全措施②的管辖权问题往往依附于实质问题的管辖权,即对案件实质问题进行管辖的法院才能对临时性保全措施实施管辖。这种传统至今仍为不少国家的立法坚持,但是目前,临时性保全措施管辖权独立于案件实质问题管辖权的做法也为很多国家的国内法采纳。被喻为"欧洲程序法基础"的1968 年《布鲁塞尔民商事管辖权与判决执行公约》(以下简称《布鲁塞尔公约》)第 24 条规定,某一缔约国法院对案件的实质性问题有管辖权,亦得向另一缔约国法院申请该国法律所容许的临时措施或保护措施。依该条我们可以看出公约已经将临时性措施管辖权独立于案件的实质问题管辖权,实质问题管辖权由公约统一规定,而临时性措施管辖权交由缔约国的国内法去调整。《1999 年扣船公约》第 2 条第 3 款规定,为获得担保,可以扣押船舶,即使根据有关合同中的管

---

① 2000 年的《中华人民共和国国际私法示范法》首次提到"非实体管辖权"与"实体管辖权",并作了区分。

② 由于历史与法文化传统,不同国家对"海事请求保全"这一制度和措施的称谓不同,具体程序也不相同,因此无法对两大法系对海事请求人请求保全的措施统一命名,本文对其他国家的这种措施统称为"临时性海事保全措施"。

辖权条款或仲裁条款或其他条款,引起扣船的海事请求应由非扣船实施地国审理,或应付诸仲裁或应适用另一国家的法律。而案件实质问题管辖权上,公约第 7 条第 1 款规定,扣船实施地所在国法院或用以使船舶获释的担保的提供地所在国法院,应具有审理案件实体问题的管辖权,但各当事方有效地约定或已经有效地约定将争议提交接受管辖权的另一国家法院或付诸仲裁者除外。第 2 款规定,虽有本条第 1 款的规定,扣船实施地所在国法院或用以使船舶获释的担保的提供地所在国法院,可拒绝行使该管辖权,只要该国法律允许此种拒绝并且另一国的法院接受管辖权。据此规定,在原则上,扣押地所在国或为使被扣船舶得以释放而提供担保地所在国法院基于行使扣船管辖权的事实可以行使实质问题管辖权,但有两项例外:当事人之间定有管辖权条款或仲裁条款;扣船实施地所在国拒绝管辖而别国法院接受管辖。

在国内立法上,英国也开始转向承认保全管辖权独立于案件实质问题管辖权。1997 年 4 月生效的《民事管辖权和判决法》彻底实现了保全措施管辖权与案件实质问题管辖权相分离。[①]澳大利亚的《海事法》和南非的《海事管辖权调整法》也都在不同程度上承认了临时性保全措施管辖权问题的独立性。我国《海诉法》也就这一问题作了明确规定,如第 13 条、52 条、63 条:当事人在起诉前申请海事请求保全(申请海事强制令、申请海事证据保全),应当向被保全的财产所在地(纠纷发生地、证据所在地)海事法院提出。第 14 条、53 条、64 条:海事请求保全(海事强制令、海事证据保全)不受当事人之间关于该海事请求的诉讼管辖协议或者仲裁协议的约束。即承认了海事请求保全管辖法院可以和案件实质问题的管辖法院不属同一法院,海事请求保全管辖权独立于实体问题管辖权。

二、海事请求保全措施管辖权的比较

世界各国对于临时性保全措施管辖权与案件实质问题管辖权之间的关系认识不同。英美法系国家海事保全中的对实体问题的管辖权源于对物诉讼本身,先扣押保全而后对物诉讼因而是绝对的管辖权;在大陆法系国家,临时性保全措施管辖权不能当然取得对实体问题的管辖权,大陆法系国家认为实体权利的取得只有法律赋予,而不可能因享有非实体管辖权就意味着法院依法享有了对争议进行审判的权力,因而是"作为程序的管辖权"。这与普通法系"以救济产生

---

① 贺万忠:《国际海事诉讼法》,世界知识出版社,2009 年版, 第 237 页。

权利"的管辖权思想有很大差别。①

（一）英美法系国家

1.英国

英国在对物保全上赋予了扣船三大功能,其中一项就是案件实质事项的管辖权根据。这一规定在 1968 年《布鲁塞尔公约》通过后有了改变。英国贵族院在 1979 年的 The Siskina 案②的判决中确立了马瑞瓦禁令的管辖原则。这是一项对人管辖权。在该案中,被告与英国没有任何联系,甚至从未到过英国,也未显示该案中其他因素与英国有联系,只是因为所涉船舶受劳埃德保险社承保,保险赔偿金位于英国境内。但是《最高法院规则》第 11 号令并没有将财产在英国境内的存在作为管辖依据,拒绝了禁令的申请。因为英国对实质性问题不具管辖权,就拒绝临时性保全措施的管辖,拒绝颁布马瑞瓦禁令。但是英国在加入《布鲁塞尔公约》和《卢伽诺公约》后,就改变了这一判例,无论由任何国家行使实质管辖权,英国法院均可颁布马瑞瓦禁令。马瑞瓦禁令的效力及于英国境内的债务人在全球的财产。英国的扣船令与其他国家一样,船舶所在地的法院拥有颁布扣船令的管辖权。

2.美国

美国临时性保全措施的管辖权问题非常复杂,因为不同类型的禁令分别位于州和联邦法中。美国法院颁布的禁令都必须拥有对被告的对人管辖权。以往作为救济措施的保全禁令是以被告在作出救济裁定的法院管辖区域内的实际存在为依据,后来法院用灵活的原则取代了这一管辖根据,只要法院与被告存在一定联系,这种联系使得被告在提出管辖权异议时有合理的依据。但是这一原则在实践中并不容易操作。有美国学者认为,实体管辖权的行使不能仅以被执行财产位于法院管辖区域内为依据,但财产的存在可使法院行使对其采取保全措施的管辖权。③

美国的船舶扣押令中法院行使扣船管辖权也是以船舶或其他财产在法院管辖区域内为条件。由于美国没有参加《1952 年扣船公约》,其管辖权实施只能根据《联邦民事诉讼规则》"补充规则"中的 C 规则进行。C 规则第 2 条规定,在海

---

① ［加］威廉·泰特雷:《国际冲突法——普通法、大陆法及海事法》,刘兴莉译,法律出版社,2003 年版,第 528-529 页。

② Siskina v. Distos S. A.［1979］AC210. See *Note on Provisional and Protective Measures in Private International Law and Comparative Law.*

③ Hazard, *A Genaral Theory of State Court Jurisdiction*,（1965）Sup. Ct. Rev. , pp. 284-285.

事对物诉讼中,诉状必须陈述作为客体的船舶的合理特征,并说明船舶在法院的管辖区域内。美国在对人诉讼的管辖权问题上规定了"最低限度联系"原则,对人诉讼管辖权的存在和生效依赖于对被告有效的传票送达①以及被告是否与当地法院存在足够的"最低限度联系"。美国宪法第五与十四修正案的"正当程序原则"要求禁止任何人未经法律的正当程序被剥夺生命、自由和财产。

英国对临时性保全措施的管辖权表明,其保全管辖权已独立于实体管辖权;美国在海事法上更接近于大陆法系国家,所以其财产所在地由于与保全联系密切拥有自然的保全管辖权,但并不必然拥有实质问题管辖权,实质问题管辖权要与案件有密切联系的法院管辖。

(二)大陆法系国家

1. 德国

德国临时性保全措施的管辖权问题规定在《民事诉讼法典》第919条和937条之中。② 临时性保全措施管辖权根据保全措施类型的不同而不同。关于假扣押管辖权规定在《民事诉讼法典》第919条中:"关于假扣押命令,由审判本案的一审法院以及假扣押标的物所在地的初级法院,或人身自由应受限制的人所在地的初级法院管辖。"由此可见,假扣押根据扣押对象的不同有各自的管辖法院,分别是:实体法院、扣押财产法院和扣押人身法院。

对于假处分,第937条第1款规定属于本案法院管辖,但是第942条第1款规定,紧急状况下,管辖争议标的物所在地的初级法院可以实施假处分命令。第942条第2款规定,即使在非紧急状况下,管辖船舶的船籍港、船籍地或管辖建造中的船舶的建造地的初级法院,可作出假处分管辖,船舶的登记港不在境内时,由汉堡初级法院执行假处分管辖。由此可见,德国《民事诉讼法典》就假处分的管辖根据设置了一项原则性规则、四项例外,即假处分原则上由案件实质性问题管辖权法院管辖,四项例外分别是:紧急状况下争议标的物所在地法院可以行使假处分管辖权;船籍港或船籍地法院可以行使假处分管辖权;建造中的船舶的建造地法院可以行使假处分管辖权;对于登记港不在德国境内的船舶,汉堡初级法院可以行使假处分管辖权。③

---

① 域外送达根据《联邦民事诉讼规则》第4条第4款规定,有法院所在州的司法成文法调整,送达必须符合正当程序原则。

② See also on *Provisional and Protective Measures in Private International Law and Comparative Law.*

③ See also on *Provisional and Protective Measures in Private International Law and Comparative Law.*

2. 法国

法国包括海事案件在内的国际民商事案件的临时性保全措施管辖权适用属地管辖权原则。大体上法国对于实体管辖与保全管辖的关系处理类似于德国：原则上临时性保全措施管辖权由对案件实质问题享有管辖权的法院行使，同时又存在一些例外规定以适应临时性保全措施灵活多变的现状。①

对于假扣押措施，根据《民事诉讼法典》第493条的规定，即使双方当事人不在境内或者法院对案件实质问题没有管辖权也不影响其对于位于法国境内的财产采取假扣押管辖，该法同时规定原告也可向被告居住地法院提出保全申请，这也就是赋予了原告一个选择权，即可在被告居所地法院和扣押财产所在地法院之间选择管辖，但是1992年7月法令第211条规定，对批准保全措施有管辖权的法官是债务人居住地的执行法官。据此就排除了原告在财产所在地申请保全措施管辖的权利。紧急审理裁定的管辖权并非专属于受理实质问题的法院，其他法院是否有权行使紧急审理裁定的管辖权，由法律另行规定。

3. 中国

《海诉法》第13条、52条、63条规定：当事人在起诉前申请海事请求保全（申请海事强制令、申请海事证据保全），应当向被保全的财产所在地（纠纷发生地、证据所在地）海事法院提出。由此可见，我国海事请求保全管辖权根据遵守严格属地原则，但对"纠纷发生地"和"证据所在地"未做解释和分类。另外，海事请求保全措施的独立管辖权只适用于诉前，对于诉讼中却未做出规定。

（三）国际公约

现行涉及临时性海事保全措施的国际立法一般都把这一管辖权的行使交由国内法规定。《1952年扣船公约》规定，根据国内法拥有管辖权的扣船法院，可以根据案件的争议事实做出判决。公约第7条第2款规定，如果扣船法院缺乏对实体问题的管辖权，所提交的用来确保船舶释放的保证金或者担保必须注明，上述担保是为保证任何管辖法院做出的生效判决得到有效执行而提供。《1999年扣船公约》第7条第1款承认了法院选择条款和仲裁条款，第2、3、4款允许依据国内法而适用"不方便法院"原则，第5款要求在特定条件下即"此种诉讼或仲裁已合理通知被告，而且被告有合理的机会就案情提出辩护；并且此种承认与公共政策无抵触"承认外国法院的判决和外国的仲裁裁决。1996年国际法协会在赫尔辛基会议上通过了《关于国际诉讼中临时性保全措施原则》，其中第10条规定：临时性保全措施的管辖权应独立于案件实质性质的管辖权。第11条规

---

① 贺万忠：《国际海事诉讼法》，世界知识出版社，2009年版，第246页。

定:财产在异国国内单纯存在或出现应该构成行使有关该财产的临时性保全措施管辖权的充分依据。第16条规定:审理实质问题争议的管辖权法院有权针对被告本人实施临时性保全措施,以冻结其财产,而不论该财产位于何地。

综上,两大法系对于临时性海事保全程序的管辖权原则由于法传统和文化的不同而差别很大。民法法系中,管辖权主要是程序问题,与普通法系公民实体权利和法院实施裁决权的特别程序有显著不同;而在普通法系中,管辖权既趋向于包括实体法的内容又受到救济方式的制约。如果一个普通法国家的法庭对某一事项有管辖权,那么就有一个实体的存在,这反映了普通法本身几个世纪的发展变化轨迹。通过《1952年扣船公约》和《1999年扣船公约》这两个国际公约的调和,两大法系对于临时性海事保全措施的管辖权与案件实质问题管辖权的关系的区别已得到了部分融合,即:首先都承认了保全管辖的独立性;其次保全法院如果与案件实质问题有密切联系,当事人又选择该法院,就当然拥有实体管辖权,如无密切联系,应以"不方便法院"为由拒绝管辖。普通法系关于临时性海事保全的措施很多,每种措施或禁令都有各自的管辖原则,这与大陆法系很不相同。

三、海事请求保全中非实体管辖权与实体管辖权的冲突与解决

根据上述对两大法系临时海事保全措施管辖权的比较分析,可以看出在临时性海事保全措施管辖权中最为重要的一个问题就是:如何处理与实体管辖之间的关系,怎样的管辖权安排能够在更大程度上实现对双方当事人权益的保护和法院管辖效率的最大化呢?下面以海事请求保全措施中的扣船为例来分析论证。

根据我国《海诉法》第19条①的规定,扣船法院取得非实体管辖权之后是否能取得实体管辖权还无法确定,如果当事人之间既无诉讼管辖权协议(如有协议约定正好是申请海事请求保全的法院管辖除外)又愿意向保全法院提起诉讼,保全法院才进而取得实体管辖权。也就是说,保全法院能否取得实体管辖权是相当被动的。因为无法律强制规定,扣船法院必然取得实体管辖权。由于两大法系扣船的目的各不相同,在船舶扣押与实体管辖权的关系上也不相同。在大陆法系,船舶扣押只是一种保全手段,扣船法院并不能当然取得对实体问题的

①　《海诉法》第19条:海事请求保全执行后,有关海事纠纷未进入诉讼或者仲裁程序的,当事人就该海事请求,可以向采取海事请求保全的海事法院或者其他有管辖权的海事法院提起诉讼,但当事人之间订有诉讼管辖协议或者仲裁协议的除外。

管辖权;而英美法系国家扣船法院对实体问题的管辖权源于对物诉讼的本身,是绝对的管辖权。受大陆法系管辖权思想的影响,我国认为实体权利的取得只有依赖法律赋予,这与普通法系"以救济产生权利"的管辖权思想有很大差别。

(一)因行使非实体管辖权而取得实体管辖权

《1999 年扣船公约》第 7 条第 1 款规定,扣船实施地所在国法院或用以使船舶获释的担保的提供地所在国法院,应具有审理案件实体问题的管辖权。《海诉法》第 19 条规定的做法也是普通法系国家在处理临时性海事保全措施时坚守的一般原则,被称作扣船地法院管辖原则。这里需要区分的是为取得案件实质问题管辖权而实施的扣押和作为临时性保全措施的扣押。前者是过度的,有"欺诈"嫌疑,不符合礼让精神。

1. 相关立法规定

1)英联邦国家

在除南非外的英美法系国家中,海事财产扣押的主要功能就是取得案件实质问题的管辖权,这是对物诉讼的主要目的。但是,在考量非方便法院原则及其他限制行使管辖权的规则的条件下,英国成文立法也已确立扣押措施管辖权与实质问题管辖权的分离原则。

南非的海事财产扣押包括财产扣押和扣留,任何财产的扣押均可使扣押法院取得对海事案件实质问题的管辖权,包括对人和对物。南非《海事管辖权调整法》第 3 条第 2 款规定,对人诉讼仅能对下列人提起:"……(b)其在法院管辖区域内的财产业已为原告或申请人为确立或确认管辖权而被扣留的人……"同条第 6 款规定:……其他海事请求对物诉讼可以通过"关联船"而非海事请求据以产生的当事船舶的扣押而提起。① 南非的关联船制度实际上是最为典型的"因非实体管辖权的行使而获得实体管辖权"。根据非实体管辖权和实体管辖权的相互关系原理,由于某一法院诉前采取了扣押船舶的措施,其就当然地享有案件的非实体管辖权。南非的法律对于诉前非实体管辖权和实体管辖权的关系采取"绝对主义",即法院一旦行使了扣押船舶的权力就可以继续行使审理案件的权力。因而在南非的扣船法律制度下,扣船法院由于行使非实体管辖权进而绝对取得实体管辖权。这也是南非成为世界上扣船最宽泛的国家的主要原因之一。

南非的这一制度让我们认识到,因非实体管辖权的行使而获得实体管辖权,既有便利之处,也存风险因素。后者表现为放纵海事请求人任意制造"财产所

---

① 贺万忠:《国际海事诉讼法》,世界知识出版社,2009 年版, 第 260–261 页。

在地"这一连结点以达到便利自己的目的,而置被告的利益于不顾,这就是当事人的"择地行诉"——为了取得实体管辖权而故意在想要提起实体诉讼的法院管辖范围内申请海事请求保全。它不仅违背"财产所在地"这一连结点设立的初衷,也会打破已有的和谐与平衡的国际私法秩序,严重影响世界航运业的健康发展。出现此情形,法院可以主动以"不方便法院"为理由拒绝实体管辖以积极解决,也可通过授予被请求人"管辖权异议"消极解决。

在美国,受英国涉外扣留程序及对物诉讼的影响,财产扣留作为取得准对物管辖权根据的做法由来已久,这一做法不仅适用于民商事案件,也适用于海事案件。但在1997年Shaffer v. Heitner案中,美国最高法院指出,仅因某人财产在美国法院管辖范围内就取得对该人的管辖权是不当的。扣押地法院管辖原则在美国从此受到了限制。①

2)大陆法系国家

德国《民事诉讼法》第23条规定,对于在国内无住所的人,因财产上的请求而提起的诉讼,该项财产或诉讼中请求标的位于某一法院管辖区时,该法院拥有管辖权。尽管此种管辖权被《布鲁塞尔公约》斥为过度管辖,但在1991年前,扣押地法院管辖原则仍可适用于其住所非在公约缔约国国内的人为被告的案件。1991年,德国最高法院裁定,上述第23条所规定的管辖权仅在争议与德国之间存在足够联系时才能适用。而在海事扣押上,由于德国是《布鲁塞尔公约》的缔约国,该公约第57条规定其不影响缔约国是将或将成为当事国,在有关特定事项支配管辖权和判决的承认和执行的任何公约。所以,在海事公约所规范的特定事项上,实施扣押的德国法院拥有对海事争议的管辖权。

法国在海事领域与德国一样,由于《布鲁塞尔公约》第57条的规定,海事扣押可使扣押地法院获得对海事实质争议的管辖权。

3)国际公约的规定

《1952年扣船公约》第7条第1款规定,如果扣船地所在国的国内法规定扣船的法院对案件的实质问题具有管辖权,则该法院具有管辖权。《1999年扣船公约》第7条第1款规定,扣押实施地所在国或为使被扣船舶得以释放而提供担保地所在国法院拥有案件实质问题管辖权,除非有管辖权条款或仲裁条款的约束。同条第2款规定了例外,即上述法院如在该国法律准许拒绝管辖和另一国法院同意管辖的情况下可以拒绝对该案件实质问题的管辖。

①　贺万忠:《国际海事诉讼法》,世界知识出版社,2009年版,第262页。

4）我国的规定

我国《海诉法》对扣押地法院管辖原则给予了认可,第6条第7款规定,因海船的船舶所有权、占有权、使用权、优先权纠纷提起的诉讼,由船舶所在地海事法院管辖。《海诉法》司法解释第10条规定,"船舶所在地"即指起诉时船舶的停泊地或者船舶被扣押地。《海诉法》第61条和72条还对其他类型的保全措施与实体管辖权的关系做出了规定,海事强制令作出法院和证据保全法院可以取得实体管辖权。

2.因行使非实体管辖权而取得实体管辖权的理由

1）海事诉讼的特殊性

从当前国际民事管辖权理论来看,无论是国际条约或是国内立法、判例,都逐渐抛弃"财产所在地"这一连结因素,而越来越多地适用"最密切联系"这一原则。但这些国际民事管辖权公约(如《布鲁塞尔公约》)又都充分考虑了海事领域的特殊之处而作了例外规定。海事国际公约如1952年《船舶碰撞中民事管辖权方面某些规定的公约》《1952年扣船公约》《1978年汉堡规则》《1999年扣船公约》都对扣押法院管辖原则持肯定态度。就海事法来说,海上法律关系大都十分复杂,导致海事法律关系发生、变更和消灭的法律事实往往具有跨国性、流动性及不确定性,海事法律关系当事人往往天各一方、互不相识,要寻找船东并获得赔偿难度很大,再加之单船公司和方便旗制度的普遍存在,使本已十分复杂的海事法律关系变得更加变化莫测。在这种情况下,适用"最密切联系"原则很不现实,而扣船地与其他通常适用的连结点,如"被告住所地""国籍国""合同履行地"等相比,则相对灵活,这给原告提供了较大的选择余地。原告可以掌握主动权,跟踪对方船舶,以期在最有利的地点扣押船舶。

2）方便当事人及法院

(1)方便法律文书送达。海事纠纷的复杂性决定了真正的责任人难以确认,而确认后的寻找也极其困难,如果当事人在不同的司法管辖区域,法院的传票很难送达被告。时任最高人民法院副院长万鄂湘教授于2002年10月在武汉大学所作的题为"我国司法实践中的国际法问题"演讲中也谈到了法律文书送达的困难及不便,指出大多诉讼无法启动的原因就是司法文书的无法送达。如扣船法院在采取扣船措施后取得对案件实质问题的管辖权,就可以对被扣船舶直接送达传票,传票送达困难的问题因此得以解决。

(2)利于判决执行。判决的承认与执行也是非实体管辖权与实体管辖权不一致时的一个重要问题。非实体管辖法院取得被请求人为海事请求提供的担保后,在审理实体问题时就有了可供执行的保障,而不需要其他司法机关的协助,从而提高了审判效率。如非实体管辖权与实体管辖权法院不一致,因涉及外国法院判决或仲裁裁决的承认与执行,担保的可执行性就成为一个现实问题。根据我国《民事诉讼法》第288条和289条的规定,我国承认和执行外国法院判决和仲裁裁决的条件有:①该外国与我国之间存在相互承认和执行判决或仲裁裁决的国际条约,无国际条约的按照互惠原则;②判决或仲裁裁决必须已经发生法律效力;③该判决或仲裁裁决的承认和执行不违反我国法律的基本原则、国家主权、安全和社会公共利益。据此,只有符合以上要求的外国法院判决或仲裁裁决,才能得到我国法院的承认和执行。由此可见,即便海事请求人通过我国海事法院实施扣船并取得担保,也无法保证该外国判决或仲裁裁决得到我国海事法院的执行,海事请求人的权益并不一定能够得到保障。

3）扣船法院拥有实体管辖权已成国际惯例

现行的国际海事公约及各国相关国内立法已普遍承认扣船法院拥有实体管辖权。如上文中提到的《1952年扣船公约》第7条:"实施扣押的国家的法院具有依据案件事实审理的管辖权……"《1952年海上碰撞民事责任公约》第1条:"原告可以在下列法院提起诉讼:……被告的船舶(或姊妹船)被扣押或能够被扣押的法院。"《1978年汉堡规则》第21条:"海事索赔人可以选择在这样的法院提起诉讼:……载货船舶可能被扣押的缔约国的任何一个港口或地点。"《1999年扣船公约》第7条:"扣船实施地所在国法院或用以使船舶获释的担保的提供地所在国法院,应具有审理案件实体问题的管辖权……"国际公约肯定扣船法院的实体管辖原则,但尊重各国国内法中规定的拒绝管辖的条件。

从海事诉讼的特殊性、保护当事人利益、简化法院的审理工作等因素考虑,赋予诉前扣船法院取得实体管辖权都是有益的,特别是在被请求人经扣船法院责令提供担保后仍未提供担保时,扣船法院应坚持行使实体管辖权。在这种情况下,如果扣船法院不行使实体管辖权,扣船就失去应有的作用。

（二）实体管辖权由于"不方便法院"原则而阻断

1. 不方便法院原则的发展进程

不方便法院起源于19世纪苏格兰法院的判例,到了19世纪中期,苏格兰法院才使用不方便法院这一术语。[①] 20世纪初美国法院接受了苏格兰法院的做法,进一步发展和完善了这一原则。丹宁大法官曾说过"全世界的人们来英国法院寻求公正和正义,我们的大门应该向他们敞开"已变得不现实,与其管辖而得不到实际执行,还不如放弃管辖,否则将有损于法院的尊严。[②]同时,英国、加

---

① J. D. McCLEAN, *Morris. The Conflict of Laws*, Sweet&Maxwel 1993, 4 ed., p.93.

② 侯军、侯广燕:《当代海事法律适用法学》,世界图书出版公司1998年版,第236页。

拿大等国从立法上确认了该原则,很多大陆法系国家也接受了不方便管辖原则,逐步形成了关于不方便法院原则的立法和实践。

此原则是当今国与国之间激烈的管辖权争夺的最好限制,反映了最密切联系原则的基本要求,也体现了国际司法礼让精神。

2. "不方便法院"原则的适用条件

适用"不方便法院"原则的条件如下:

(1) 两个法院实质上都享有管辖权。

(2) 证人证言和证据一般在另一个法院更有可能被采用。

(3) 围绕诉讼适用的法律是另一个法院地的,在那里能够更充分地被提出和予以考虑。

(4) 法院"根据当事人的请求"可以准许适用"不方便法院"原则。

(5) 一般地,真正合理的标准,由这样一些事项确定:①当事人的便利和费用;②约定或没有约定管辖权条款或仲裁条款;③适用于诉讼的法律;④各方当事人的居住地、住所地和营业地;⑤外国法院潜在的不公正判决的风险或缺乏司法独立性,或该外国法院缺乏经验、低效率或拖延判决;⑥如果允许中止诉讼,原告的某些实际利益的潜在损失(如经济快捷的审判、高额的损害赔偿、利息和费用的给付、担保和举证责任的问题以及时效)。

通常情况下,被告承担举证责任证明法院应当行使其自由裁量权中止诉讼。被告为了免除承担这种举证责任,他必须说明他不仅不是置于正常的或适当的具有管辖权的法院管辖之下,而且还存在其他明确的或明显的更适合于诉讼的法院。法院必须审查联系因素以确定"正常的法院与诉讼有最密切和实质性的联系"。①

法院引用不方便法院原则应中止诉讼,而不是驳回诉讼,以防其他法院不行使管辖权或其他不行使管辖权的事由发生,或外国法院的判决必须在本国法院执行。中止诉讼的条件应该包括:①原告在一定宽限期间内在其他享有管辖权的法院提起诉讼,而另一法院接受并行使管辖权;②在宽限期间内送达给被告并接受另一法院的管辖;③被告放弃任何因时效而去的利益或答辩的时效;④在某种情况下,应当保护任何一方当事人获得的担保。中止诉讼符合大陆法系国家的那些管辖权原则,即禁止法院在具有管辖权的情况下放弃行使管辖权。法院

---

① [加]威廉·泰特雷:《国际冲突法——普通法、大陆法及海事法》,刘兴莉译,法律出版社,2003 年版,第 533 页。

应中止诉讼,保留其享有的权利,直到其他法院最终对争议作出判决。①

3. 不方便法院原则对实体管辖权的阻断

保全措施执行后,如果海事请求人就案件实质问题提起诉讼,只要保全法院认为存在上述适用不方便法院原则的条件,就可以拒绝管辖。在涉外海事管辖权上,很多国家本着保护本国当事人利益、地方利益甚至国家利益的指导思想,坚持管辖权扩张政策,如我国《海诉法》第 8 条②的规定即体现了此思想。双方当事人诉讼地位的失衡违背了"因非实体管辖权而取得实体管辖权"方便诉讼和提高诉讼效率的精神。不方便管辖原则在很大程度上限制了原告非善意、合理利用非实体管辖权向实体管辖权的转化。依据不方便管辖原则,利用财产所在地海事法院非实体管辖权已经不能必然取得实体管辖权,只有同时满足"与案件实质问题有密切联系"这一因素,保全法院才能成为对案件实质问题有管辖权的法院。

在海事司法实践中,会经常遇到如下情形:在受理保全案件时,对我国法院来讲看似"方便"的因素,但在实体审判时发现其"不便"之处。如两艘外籍货船在我国海域发生纠纷,当事人起诉至我国临近海事法院,我国海事法院依法受理。受理之后,海事法院在审理时遇到很多困难,如证人语言不通,涉及船籍国证据调查取证不便等,这些因素均使我国海事法院无法保证判决的公平和效率。而此时,调查取证或司法文书送达都可方便进行的国籍国,却无法得到管辖权,只是海事法院发现当事人国籍国较之我国法院更方便管辖此案时已是诉讼进行时,只能动用更多的司法资源去成就相对公正的判决。然而比浪费司法资源更严重的是,不方便法院做出的判决往往很难得到有关国家的承认和执行,甚至有些国家规定不执行不方便法院做出的判决。③ 因此,对于实体法院而言,自发现是"不方便"法院之时就应果断放弃管辖权,否则,只会使损失扩大。

---

① ［加］威廉·泰特雷:《国际冲突法——普通法、大陆法及海事法》,刘兴莉译,法律出版社,2003 年版,第 534 页。

② 《海诉法》第 8 条规定:海事纠纷的当事人都是外国人、无国籍人、外国企业或者组织,当事人书面协议选择中华人民共和国海事法院管辖的,即使与纠纷有实际联系的地点不在中华人民共和国领域内,中华人民共和国海事法院对纠纷也具有管辖权。

③ 参见徐卉:《涉外民商事诉讼管辖权冲突研究》,中国人民大学出版社,2001 年版,288 页。

对于上述观点,许多国家都持肯定态度。①

(三)海事被请求人提出的管辖权异议

管辖权异议,是指当事人向受诉法院提出的该院对案件无管辖权的主张。法院有时可能对管辖权作出错误判断而受理不属于本院管辖的案件。为了使当事人有机会向法院表达关于管辖权问题的不同意见,同时也为了使法院能够在充分听取当事人意见后对管辖问题作出审慎的决定,使法律关于管辖的规定得到正确适用。我国《民事诉讼法》第130条对管辖权异议作出了规定,即:人民法院受理案件后,当事人对管辖权有异议的,应当在提交答辩状期间提出。人民法院对当事人提出的异议,应当审查。异议成立的,裁定将案件移送有管辖权的人民法院;异议不成立的,裁定驳回。当事人未提出管辖异议,并应诉答辩的,视为受诉人民法院有管辖权,但违反级别管辖和专属管辖规定的除外。

在海事请求人提起实体诉讼时,被请求人可以就该法院是否具有管辖权提出异议,法院可审查,但是被请求人在提出管辖权异议时必须说明此法院不方便的理由以及与案件有更紧密联系的法院及理由。这样也可以防止海事请求人的"择地行诉"。

综合以上分析,英美法系国家基于传统对物诉讼对海事管辖权的争夺,肯定扣押地法院管辖原则是必然的,只是从20世纪70年代后期以来,基于程序正当性原则等因素的考虑,又对这一原则进行了有条件的限制。大陆法系国家承认扣押地法院管辖原则。国际公约对两大法系的不同规定进行了折中处理:在原则上承认扣押地法院管辖原则的基础上,对各国内法中作出的拒绝管辖的例外规定如"不方便法院"原则、管辖权异议原则予以尊重。由此可见,两大法系对扣押法院是否拥有实体管辖权这一问题的认识在逐步走向一致,这也反映了两大法系海事法调和的趋势。

海事请求保全管辖作为非实体管辖,其与实体管辖的关系可以概括为:如果当事人双方无协议管辖,保全法院与案件实质问题有密切联系且海事被请求人无管辖权异议或提出的管辖权异议无合理根据,那么保全法院因行使非实体管辖权而取得实体管辖权;如果保全法院与案件实质问题无密切联系,且存在另一

---

① 美国的《美国法典》第1404节第1款规定:"为了当事人及证人的便利,为了司法利益,地区法院可将提起的诉讼移送其他地区的法院或法庭。"英国经修改的《1982年民事管辖权和判决法》第49条规定:"本法将不妨碍英国的任何法院依据不方便法院原则或其他事由中止诉讼、撤去诉状或驳回在法院的任何诉讼……"加拿大的《1991年魁北克民法典》第3155条规定:"即使魁北克司法机关(法院)享有审理争议的管辖权,但如果它认为另一国家司法机关(法院)更适宜行使管辖权作出判决,它可以例外地或根据当事人的请求,放弃行使管辖权。"

个与案件有更加密切联系的法院可以做出更合理和公平的判决,该保全法院可以"不方便法院"为由拒绝管辖;如果保全法院认为与案件实质问题有密切联系,但是被请求人提出管辖权异议,法院应该进行审查,如果管辖权异议成立则仍然可以"不方便法院"为由拒绝管辖,如不成立,则实施管辖。

四、仲裁中的海事请求保全管辖权问题

海事请求保全多发生在诉前或诉中。依《海诉法》第12条,在仲裁之中可申请海事请求保全。但是,我国的仲裁机构对其所审理的仲裁案件,无权作出临时性的保全措施的决定。实务中,仲裁之前或之中的海事请求保全由申请人向仲裁机构申请,仲裁机构接受申请并审查决定,再由仲裁机构提交海事法院,海事法院进行形式审查后作出裁定,并予以执行。《中华人民共和国仲裁法》第28条规定:"一方当事人因另一方当事人的行为或者其他原因,可能使裁决不能执行或者难以执行的,可以申请财产保全。当事人申请财产保全的,仲裁委员会应当将当事人的申请依照民事诉讼法的有关规定提交人民法院。"中国海事仲裁委员会2021年10月1日起施行的《仲裁规则》第23条规定:"当事人申请海事请求保全或者其他财产保全的,仲裁委员会应当将当事人的申请提交被申请人住所地或其财产所在地的海事法院或其他有管辖权的法院作出裁定。"《民事诉讼法》第279条规定:当事人申请采取保全的,中华人民共和国的涉外仲裁机构应当将当事人的申请,提交被申请人住所地或者财产所在地的中级人民法院裁定。《最高人民法院关于适用〈中华人民共和国民事诉讼法〉的解释》第540条规定:依照民事诉讼法第二百七十九条规定,中华人民共和国涉外仲裁机构将当事人的保全申请提交人民法院裁定的,人民法院可以进行审查,裁定是否进行保全。裁定保全的,应当责令申请人提供担保,申请人不提供担保的,裁定驳回申请。当事人申请证据保全,人民法院经审查认为无须提供担保的,申请人可以不提供担保。尽管我国的仲裁机构无权作出保全措施的决定,但海事争议仍由仲裁机构进行实体审理和裁决。否则,不如直接向海事法院申请扣船。采取这种做法的国家还有澳大利亚、韩国等。它们主要强调财产保全是一种强制性措施,因此,无论仲裁庭或仲裁机构均不能作出财产保全决定。

对于仲裁之前或之中的海事请求保全申请接受与否,各个国家和地区的法院态度不一。英国和法国法院认为,法院作出包括扣押等临时措施的裁定与仲裁庭就案件的实质问题作出裁决的权限并非不容。据我国香港特别行政区仲裁法S.2GG,由仲裁庭在仲裁程序中或就仲裁程序所作出或发出的裁决、命令或指示,可犹如具有相同效力的法院判决、命令或指示般以相同的方式强制执行,但只有在得到法院或法院大法官的许可下方可如此强制执行。如法院或大法官

给予该许可,则可按该裁决、命令或指示而作出判决。但是美国法院对此存有分歧。有些美国法院认为申请法院给予临时救济违反当事人的仲裁协议与关于承认和执行外国仲裁裁决的《纽约公约》。相反,另外一些美国法院接受仲裁裁决前扣押被申请人财产的申请。在我国,则予以接受。

大多数国家的仲裁法赋予法院和仲裁庭共同行使作出财产保全决定的权力。一些国家和地区的法律允许仲裁庭作出与争议标的有关的临时性的保全措施的决定。例如,英国 1982 年《民事管辖和司法法》(*Civil Jurisdiction and Judgement* 1982)第 26 条规定,在海事索赔仲裁中也可扣船取得担保。1996 年《仲裁法》第 11 条对此加以移植。判例 The "Jalamatsya"(1978)2 Lloyd's Rep. 164 对此也有确认。根据英国《仲裁法》第 44 条,法院可就仲裁程序作出命令或指示。但非紧急情况下,法院干预须得仲裁庭许可或当事人书面同意。一般而言,在非紧急情况下,只应在仲裁庭或仲裁机构无权或未能有效处理时进行干预。而且,即使法院作出的命令或禁令,也会全部或部分被将来仲裁庭作出的命令或禁令(如果有)替代。根据英国《仲裁法》第 38 条第 4 款,仲裁庭可以对任何与仲裁程序有关的或在程序过程中任何问题所涉及的财产问题作出指令。根据 1997 年《香港仲裁法》S. 2GB(1),在进行仲裁程序时,仲裁庭可就规定事项作出命令或指示。但是,仲裁庭不得作出性质属于一面之词的中间禁令,因为它违反自然公正。如属实体的中间禁令,仲裁庭无法更改;中间禁令需要法院协助强制执行,而外国法院一般不会协助。根据 S. 2GC(1),法院或法院大法官可就某仲裁程序作出命令或指示。根据 S. 2GC(5),本条所授予的权力可予行使,不论是否可根据第 S. 2GB 条,就同一争议行使相类似的权力。因此,除非仲裁庭尚未成立,而当时情况紧急,法院一般不会插手。德国 1998 年的《民事诉讼法》第 1041 条(1)款规定:"除非当事双方另有约定,仲裁庭可以根据任何一方当事人的请求,对与争议有关的标的作出采取它认为必要的临时性的保全措施的裁定。仲裁庭可要求任何一方当事人提供与此措施有关的适当的担保。"联合国国际贸易委员会《国际商事仲裁示范法》第 17 条,美国仲裁协会 1997 年《国际仲裁规则》第 21 条、国际商会国际仲裁院 1998 年《仲裁规则》第 23 条(1)款、伦敦国际仲裁院 1998 年《仲裁规则》第 25 条,均有上述类似的规定。不过,必须注意的是,法院和仲裁庭在作出决定的权力范围上并不相同,而且并没有哪一个国家的仲裁法赋予仲裁庭强制执行其决定的权力。

五、解决海事请求保全管辖权冲突应遵循的一般原则

各国根据内国法属人管辖、属地管辖、协议管辖或专属管辖等管辖权根据找到管辖理由,展开管辖权之争。由于管辖法院不同,会导致不同的审判结果,法

院作出的判决如不能遵守国际通行的管辖权原则,则有可能得不到其他国家的尊重、承认和执行。海事请求保全措施中的保全法院能否成为实体法院,除了当事人选择、最密切联系及尊重国际公约外,还应该遵守其他的管辖权一般原则,最终确定行使还是放弃实体管辖权。通过上述分析,笔者认为在解决非实体管辖与实体管辖冲突时,除了应依照国内法和国际公约取得管辖权外还应遵循以下原则:

(一)当事人意思自治原则

当事人意思自治是民法的基本原则之一,有关管辖协议或仲裁协议应受到当事人及法院的尊重。协议管辖的优势表现在:其一,协议管辖有利于当事人争议处理的合理预见;其二,协议管辖有利于判决的最终执行。因为协议选择的法院通常是当事人愿意让其处理争议的法院,这有利于当事人自动执行法院的判决;其三,协议管辖为全世界所普遍接受。承认当事人协议选择管辖,就意味着排斥了与案件有关的其他国家法院的管辖权,从而解决了管辖权的积极冲突。尊重协议管辖权也便于保护当事人的合法权益。因为当事人可以根据案件所涉及的各方面情况选择他们认为最合法、最方便的法院来审理案件。

大部分国家都承认协议管辖在海事领域的问题是对协议管辖效力的确定问题。在当事人的协议管辖与扣船管辖相冲突的时候,有效的协议管辖可以排除扣船地法院的实体管辖权,协议的有效性又有赖于扣船法院的判断,而海事领域协议的特殊性使其效力具有一定的不稳定性,因此,对海事管辖协议的尊重对于消除该领域的管辖冲突更具有重要的意义。在协议管辖的形式上,国际上已经出现了宽容的倾向,例如1997年海牙国际私法会议常设局提出的《为准备有关民商事案件的国际管辖权与外国判决效力公约的预备草案》第4条有关协议形式的规定即反映出这一点。该规定并没有将协议管辖拘泥于书面形式,可以是书面、可以是口头或依习惯的其他形式。无疑,这种规定表现出了一种宽容协议管辖的倾向。当事人就案件实质问题争议约定解决方式的,保全法院不能干涉,如果实体法院作出的判决不能被保全法院承认,又无更适合管辖的法院,保全法院可以"方便法院"[①]进行管辖。

(二)扣押地法院管辖权原则

扣押地法院管辖权原则是指扣押被告财产的法院仅凭其扣押被告财产的事

---

① 方便法院原则指对争议不享有管辖权的法院,行使管辖权所依据的原则。由于没有其他适合的具有管辖权的法院审理案件,并且该法院行使管辖权不会做出不公正的判决。参见[加]威廉·泰特雷:《国际冲突法——普通法、大陆法及海事法》,刘兴莉译,法律出版社,2003年版,534页。

实便可行使对案件实质争议的管辖权。在英联邦国家,无论在传统上还是当今实践中,财产的扣押始终具有作为海事案件实质争议管辖权根据的功能,如上文提到扣押是对物诉讼的一部分。但是,当今扣船措施管辖权与案件争议管辖权分离已经为英国成文法所确定。因此,在实践中,英国法院的做法是:在尊重传统的基础上,综合考量"不方便法院"原则及其他限制管辖权行使的规则。① 而由于《布鲁塞尔公约》第75条的规定,德、法海事扣押仍可使扣船法院获得对海事实质争议的管辖权。

(三)"不方便法院"原则

"不方便法院原则",具体到保全管辖是指对某一具有保全管辖权的法院,由于其本身就审理案件实质问题而言是严重不方便的,因而拒绝行使案件实质问题管辖权,从而促使被告在另一个更为方便的法院进行诉讼。"不方便法院"原则的出现,使保全法院放弃实体管辖权避免海事请求人"择地行诉"有了根据。在2003年6月的中化国际股份有限公司诉马来西亚国际船运公司一案中,中化公司在广州海事法院以马来西亚公司倒签提单为由申请保全措施,请求扣押该公司船舶。马来西亚公司在美国联邦地区法院提起一个紧急诉讼,认为中化公司在广州海事法院的保全申请忽视了"船舶的装货地点"。由于保全措施,马来西亚公司要求赔偿船舶被扣押期间的损失。中化公司则要求驳回其诉讼请求,认为缺乏标的物管辖权和属人管辖权,根据不方便法院理论和国际礼让原则应拒绝管辖。基于此案已在中国诉讼,广州海事法院具有管辖权并且是适当的法院,美国联邦地区法院根据不方便法院原则拒绝了该案的管辖。

(四)有利于判决的执行原则

诉讼的最终目的是让判决得以有效的执行,判决只有经过执行,当事人在判决中得到的权益才能实现。有关的判决首先是由当事人自动执行,在败诉一方当事人不能自动执行时,有关法院得依另一方当事人的申请进行强制执行。强制执行如果由本国法院执行,则比较容易,如果需要在外国强制执行,就必须与该国订有司法协助条约,或者与该国有外交上的互惠,否则就不可能在该国强制执行。因此,法院在确定行使管辖权时,应充分考虑到判决将有可能在外国执行的情况。在中止本国的诉讼时,也应合理预期外国法院能够在合理的期限内作出能被内国法院承认的判决为条件。这也是大陆法系国家在处理管辖权冲突时所采取的承认预期理论的核心所在。

对我国海事请求保全管辖权的构建直接建立在海事请求保全管辖权原则的

---

① D. C. Jackson, *Enforcement of Maritime Claims*, Lloyd's Law Press, 1996, p.327–328.

基础上。

本章小结

　　本章所述之"管辖"包括两层含义:①通过界定海事请求保全范围确定法院对海事请求保全的管辖范围;②海事请求保全的管辖权冲突。我国的海事请求包括与海相关之海事纠纷和与船相关之海事纠纷的请求。通过对比英国、澳大利亚、南非、加拿大、美国及我国的海事请求范围,综合各种海事诉因并对其进行涉船和涉海的分类,笔者构建出我国海事请求的具体范围。由海事请求的范围得出结论:对海事请求的保全不仅仅是财产保全一项。笔者随后提出拓展海事请求保全措施对象的建议,认为海事请求保全措施的对象除了财产外还应包括证据、行为和人身,上述措施对象涉及的保全均应属于海事法院对海事请求保全的管辖范围。在海事请求保全的管辖权根据中,通过与英美法系和大陆法系有代表性国家的管辖权根据进行比较后,笔者认为两大法系对于临时性海事保全程序的管辖权原则由于法传统和文化的不同而差别很大。民法法系中,管辖权主要是程序问题,与普通法系公民实体权利和法院实施裁决权的特别程序有显著不同;而在普通法系中,管辖权既趋向于包括实体法的内容又受到救济方式的制约。通过《1952 年扣船公约》和《1999 年扣船公约》这两个国际公约的调和,两大法系在临时性海事保全措施管辖权与案件实质问题管辖权关系的差异性规定已得到了部分融合:保全管辖应独立于案件实质问题的管辖;保全法院如果与案件实质问题有密切联系,当事人又选择就当然拥有实体管辖权,如无密切联系,应以"不方便法院"为由拒绝管辖。海事请求保全管辖权原则应为:当事人意思自治原则、扣押地法院管辖权原则、"不方便法院"原则及有利于判决的执行原则。

第三章

海事请求保全措施的比较分析

▌第一节　海事请求保全措施概述

海事请求保全措施是海事请求保全制度的中心内容,海事请求保全措施虽然在世界各国称谓不一,范围和程序差别较大,但其以先发制人的作用和在国际海事争议解决机制中举足轻重的地位而为世界各国民事或海事立法所重视。下面通过对两大法系有代表性的英国、美国、德国、法国等几个国家相关措施的比较,进一步认识海事请求保全措施的丰富内涵和适用条件。

一、海事请求保全措施的功效

海事请求保全措施在英美法系国家多为临时性保全措施的一种。一般而言,英美法系的临时性保全措施的适用范围很广,涉及民商事众多领域,很多临时性禁令也同样适用于海事领域,另外还包括一些专门适用于海事请求领域的保全措施。保全禁令多由判例确定,在其漫长的发展过程中,既尊重传统又在一定程度上借鉴了国外法律或判例精神和国际公约的规定,其适用范围和效力多已几经变迁。所以我们应该以一种变化的眼光看待各种英美法系的禁令措施,也正是它这种灵活和与时俱进的特性使很多禁令措施能够历尽百年沧桑依然在各自的理论和实践领域发挥着重要作用。大陆法系国家的海事临时性保全措施多由成文法规定,并有一定共性,多由传统民事保全措施演变而来,一般为扣押令、阻止令等。无论哪种海事请求保全措施,都具有以下共同特征:①临时性。法院采取的海事请求保全都有一定的时间限制,海事请求保全措施的采取并不是法院的终局裁判,即便是实施了海事请求保全措施,与案情有关的情况有变也可以改变或撤销原保全措施。②保护性。保护性是海事请求保全措施的最重要的特性,是判断其是否属于海事请求保全措施的标准。① ③程序性。海事请求保全措施无实体效力,并不赋予申请人对争议财产的任何物权以及在债务人破产的情况下的任何优先受偿权。海事请求保全措施仅是一种程序性救济,申请人只要符合法定的申请条件就可获得批准。④强制执行性。从各国立法来看,就财产采取的保全措施,法院大多采取扣押、冻结、查封等方法保全,对行为,法院会强制要求被请求人一定时期内为或不为一定行为,被请求人拒不执行的,海事法院可实行罚款、拘留等强制措施。而证据保全和人身保全同样是法院采取强制措施保存和提取证据或在一定时间内限制人身自由或强制其提供固定居所。

从宏观上讲,海事请求保全措施在保障海事判决有效执行,实现海事请求人合法权益的同时,"达到了各国法律制度所追求的基本目标及司法保护的有效性,尽可能防止由于权力存在和权力确认的不同时性这一事实对权力的有效性和权力确认的目的所造成的损害"②。海事请求保全措施还可用作诉讼策略。③法官在考量过海事请求人的海事请求以及相关证据后,对案件的是非曲直就有了大致判断,这会使诉讼更快得到解决,甚至在诉讼前或仲裁前获得和解。④

---

① Note on *Provisional and Protective Measure in Private International Law and Comparative Law*, prepared by Deputy Secretary General Catherine Kessedjian.

② L. Collins, op. cit. , p. 19.

③ Gerry Maher and Barry J. Rodger, *Provisional and Protective Remedies*: *The British Experience of the Brussels Convention*, (1999) 48 *International & Comparative Law Quarterly*, p. 302.

④ Axel Bosch, *Provisional Remedies in International Commercial Arbitration*(1996), p. 338–339.

二、海事请求保全措施的类型

尽管各国的临时性海事请求保全措施称谓和表现形式不同,但可按以下标准进行大致分类:

(1)根据保全措施的作用对象不同,可以分为针对财产或金钱的措施、针对行为的措施、针对证据的措施和针对人身的措施。

这是临时性海事请求保全措施最为基本的分类方法。作用的对象不同,就意味着保全措施在性质、范围及程序上的差异。对财产的保全措施是指法院或仲裁庭所采取的通过扣押被请求人的财产以禁止其处分的保全措施。英美法中的扣船令、财产扣押(扣留)令,大陆法中的假扣押以及我国传统意义上的海事请求保全都是针对财产的保全措施。对行为的保全措施是指法院所采取的强制被请求人为一定行为或禁止为一定行为的措施。在英美法系国家一般指临时性对人措施,具体表现为各种禁令;大陆法系中德国、日本表现为假处分,法国表现为临时裁定。针对证据的保全措施是指法院对与案件实质问题相关的涉案证据的强制性搜集、调查、提取或封存以防证据的消失。英国的安东•皮勒令,大陆法系国家中荷兰的初步盘问证人令,比利时的预备性措施令均属其中。对人身的保全措施是指法院在不暂时控制被请求人人身的情况下出现被请求人隐匿财产或别的严重损失而对其采取的人身自由的暂时性限制,以求其提供担保或提供居所信息或其他可对其实行执行的措施。在各国中,涉及人身保全的措施很少,美国法中的身体扣留令属于其中。

(2)根据采取保全措施的时间不同,可将临时性海事请求保全措施分为诉前或仲裁前保全措施和诉中或仲裁中保全措施。

保全措施多属诉前保全,如我国《海诉法》中对海事请求保全的规定,但并非绝对。由于临时性保全措施是用以确保海事请求人的利益得到保护,不到判决执行,海事请求人的权利得到最终实现,保全是没有意义的。所以保全措施都可在诉(仲裁)前或诉(仲裁)中作出。

(3)根据保全措施产生的效果不同,可将临时性海事请求保全措施分为维持现状的措施和改变现状使之处于法院可控范围的措施。

维持现状的措施指法院采取使财产、证据或人身维持现状,限制当事人处分、改变或破坏的措施,包括英美法系国家的扣船令、财产扣留令、安东•皮勒令等,大陆法系国家的假扣押、我国的扣船措施等。改变现状使之处于法院可控范围内的措施主要是对行为的措施,改变被请求人的行为现状使之处于法院可控状态。主要包括各种禁令以及大陆法系的假处分措施。

(4)根据保全措施的效力范围不同,可将临时性海事请求保全措施分为有域外效力的措施和无域外效力的措施。

保全法院和实体法院处于一国境内,那么此保全就不具有域外效力,如两法院位于不同国境,则涉及域外效力。

(5)根据临时措施的倾向性不同,可将临时性海事请求保全措施分为保护原告的保全措施和保护被告的保全措施。①

前者如证据保全、财产保全、人身保全,后者如担保措施、损害赔偿担保或反担保措施。②

本书按海事请求保全措施的第一种分类对海事请求保全措施进行比较分析。

第二节　两大法系主要国家财产性海事请求保全措施

一、英国对物扣押令和海事扣押令

在"法官造法"的英美法系,由于法官地位特殊,使得他们可以根据案件具体情况灵活运用各种保全措施甚至创设一个崭新的禁令。自 1975 年英国程序法司法改革以来,英国临时性保全措施发生了三大变革:废除了要求申请人证明其拥有最终胜诉可能或至少拥有强有力的初步证据;安东·皮勒令的形成和发展;马瑞瓦禁令的形成和发展。③ 英国的财产、金钱类保全措施主要有对物扣押令和海事扣押令,扣留、保管、保存财产令,接管官任命令等。

(一)对物扣押令的历史背景

1. 罗马法和海事对物诉讼

至少从 19 世纪初,英国海事对物诉讼的起源就已追溯到罗马法中的海事对物诉讼。阿瑟·布朗在《简明民法和海事法》中写道:"这种针对船舶或船载货物的对物救济建立在民法实践基础之上,其通过对物诉讼,实现或获得对物本身的实质具体拥有权……"④然而,晚近的一些法律史学家却对对物诉讼的罗马血统提出了质疑。他们指出,直到 16 世纪,英国海事法院的法官们还都把对物请

---

① 英国海事法学者 D. C. Jackson 的观点。

② 贺万忠:《国际海事诉讼法》,世界知识出版社,2009 年版,第 235 页。

③ L. Collins, *Provisional and Prote ctive Measures in International Litigation*, (1992) Ⅲ Hague Recueil, p. 26–29.

④ Arthur Browne, 2 *A Compendious View of the Civil Law and of the Law of the Admiralty* 99 (1840)〔hereinafter Browne, Civil Law〕.

求作为纯粹的对人诉讼行为,根本不具备罗马法对物诉讼要求的专有特性。①

英国海事对物诉讼程序的主要目的是防止被告无视法院拒绝出庭和应诉。在英国的海事审判中,在传唤被告(或其他任何与财产有利益关系的当事人)的同时,就可由海事执行官或其他官员对作为被告的个人和/或财产实施扣押。②在第二阶段,被诉人收到一系列传唤,四次缺席后,原告就会依照"第一法令",以草案形式阐述他诉讼请求的意见或条款。然后,海事法院就可以依"第一法令",以被告抗拒法院程序为由,将扣押财产的所有权授予原告。③

2. 英国都铎、斯图亚特王朝时代迫使出庭的海事程序特点

由传唤、缺席、"第一法令"构成的英国海事程序,在对物诉讼和对人诉讼方面几乎没有区别。④它的主要特点如下:第一,执行这一程序时,主要方式是对作为被告的个人的扣押,对其财产的扣押是辅助方式,虽然两者可以择一并且也可以同时使用。第二,审判中,被告方的任何财产(既包括船舶,还包括货物)均可以被扣押。⑤事实上,扣押执行范围似乎已经扩展到被告所保有的第三方货物,作为被告债务方的货物,甚至非实体权利。⑥姊妹船也可被扣押。⑦第三,审判中有可能对被告的任何货物进行扣押是当被告缺席审判时,保护原告请求权利的唯一有效的救济方式。⑧溯及以往,该程序的这一方面被看作"海事扣押令"的起源,是一种可以加之于对人诉讼的审判前保全程序。⑨然而,16 和 17 世纪海事高等法院的民事法官却不能明确区分对物诉讼和对人诉讼的差别,对他们而言,只有一个单一程序,尽管这一程序存在两种情况:对人的扣押和对物的扣押。第四,扣押的效力不受任何既存的针对该船或其货物之留置权或者质押

---

① *Hale & Fleetwood on Admiralty Jurisdiction at xxxix-xl* (M. J. Prichard & D. E. C. Yale eds. ,1992).

② *Hale & Fleetwood*, supra note 12, at xli-xlii.

③ Clerke, supra note 16, at 61-69, 81-86;see also Hale & Fleetwood, supra note 12, at xli.

④ *Hale & Fleetwood*, supra note 12, at xlii-xliii.

⑤ 1 Select Pleas in the Court of Admiralty at lxxi-lxxii.

⑥ *Hale & Fleetwood*, supra note 12, at cxxxi n.7 (citing Clerke, supra note 16, p.75-76.

⑦ Thorneton v. The Elizabeth Bonaventure & Jobson, owner (1565), reported in 2 Select Pleas, supra note 22, p.131.

⑧ Clerke, supra note 16, at 61-69. See also 2 Select Pleas, supra note 22, at 9-11, 79-80, 83-84, 88-89, 124-125, 197-198;and *Hale & Fleetwood*, supra note 12, at cxxxiii-cxxxiv.

⑨ Tetley, M. L. C. supra note 1, at 974, 1030;F. L. Wiswall, Jr. , *The Development of AdmiraltyJurisdiction and Practice Since* 1800, p.165.

的影响。只要当事船或货物属被告所有并在海事法院管辖权内,该程序即是有效的。① 第五,在第一判决的意见草案中,要求申请人确认扣押财产。② 第六,对扣押财产的执行仅限于该财产本身价值,即使该价值不足以满足胜诉原告的请求。

3. 当代海事程序的渐现

1660 年之后,一些相互关联的因素继续对英国海事程序进行着构形,并逐渐在形式和内容上赋予它与今日更为接近的特点。第一,在都铎、斯图亚特时期的海事程序之下,对扣押物进行确认的需要以及执行限于扣押无自身价值的实际情况有助于如下概念的形成:与其船东相对应的船舶本身,有责任满足某些诉讼请求,如海员工资和救助。对"过错"物进行扣押逐渐被视为在有此种请求的情况下海事程序得以执行的唯一方式。最终,在 17 世纪后期和 18 世纪,人们开始发现现代意义的对物诉讼与对人诉讼之间的显著差异。第二,卷入与海事法院的斗争达数百年之久的普通法法院认为,海事管辖权是有限的,不仅限于潮涨潮落的地理范围,还限于涉及船舶责任以及与此相对应的船东个人责任的诉讼原因。③ 最高法院大法官不失时机地颁布了禁令,在诉讼标的上对民事海诉法官进行了限制。④第三,针对海事法院的禁止性文件的运用增多,导致法院对人诉讼案件显著下降,尤其是在 1689 年的光荣革命之后。⑤ 贸易诉讼当事人开始在普通法院法庭提起诉讼,他们确信至少他们的诉讼可以得到审讯,这实际上就使得海事法官们除了对物诉讼之外再没有其他审判权。⑥ 第四,由于 1840 年和 1861 年《海事法院法》的颁布,在民法博士院解散之前以及在此之后,海事法院对人诉讼的审理经历了短暂复兴⑦。然而在英格兰,海事扣押令仍然未被沿用,以至产生了其作为一个法律程序不再适用的观点。

---

① 1 Select Pleas, supra note 22, at lxxi-lxxii;see also *Hale & Fleetwood*, supra note 12, at xlvi.

② *Hale & Fleetwood*, supra note 12, at xlii-xliii.

③ Hale & Fleetwood, supra note 12, at xlvii, lxxiii.

④ Johnson v. Shippen, 92 Eng. Rep. 154, 154-55(K. B. 1703);see also Clay v. Snelgrave, 91 Eng. Rep. 1285(K. B. 1700);*Hale & Fleetwood*, supra note 12, at xlvii n. 3, lxiii-lxiv.

⑤ *Hale & Fleetwood*, supra note 12, at cxxxv n. 1.

⑥ Edward F. Ryan, *Admiralty Jurisdiction and the Maritime Lien:An Historical Perspective*, 7 W. Ont. L. Rev. 173(1968).

⑦ *On the history of Doctors' Commons and its eventual dissolution*, Wiswall, supra note 26, p. 73-95.

(二)对物扣押及其简要程序

在英国,对物诉讼是执行各种请求的典型海事程序。它往往主要被认为是在诉讼中保证被告方出现的程序手段,而不是对视为个人的"过错船舶"提起的诉讼。[1] 它不同于对人诉讼之处在于:船舶(货物、燃料、运费或者司法出售收益)[2]与船东是被告方。[3] 在英格兰,出于获享海事优先权,对物的法定权利和其他海事请求的目的而提起的对物诉讼,1981 年最高法院海事管辖权就对诉讼请求所涉及的船舶和财产采取措施提供法律依据,或者在一些案例中也涉及姊妹船。对物诉讼为诉讼请求提供了一种审判前保全,也确定了法院管辖权,并且通常也保证了船东的出现。一般在执行中体现为对物的扣押。

对对物诉讼和扣押进行管理的法律依据主要在《最高法院条例》的第 75项。简而言之,诉讼始于伦敦的海商登记处或英国其他地方的地区登记处签发对物令状。[4] 扣押令由最高法院在请求人提供担保的支持之下签发,有效期为12 个月。[5] 它通常与对物令状一并送达[6],并且仅在当船舶和其他物在管辖区内的情况下可行。诉讼送达后或在送达前因为船东对令状所述事项的认可,诉讼程序同时涉及对物和对人诉讼,因此,最终判决的执行既可以对扣押物,也可以对债务方的其他财产进行。[7] 在缴纳保释金或由船东保赔协会签发保函之后,被扣船舶通常就可以得到放行。审判完结后,如果诉讼请求得到支持而原告仍没有得到赔付,船舶或其他扣押物可由法院出售,或者也可以执行出于避免被扣或扣押后获释的目的而支付的担保部分。[8] 司法出售包括对不受留置权约束的权利的转让。出售所得根据法律确定的优先顺序,在原告以及其他任何诉讼请求者中分配,公平原则在此顺序确定中发挥着重要作用。[9]

---

[1] D. C. Jackson, *Enforcement of Maritime Claims*. 2d ed. 1996. p. 379–380.

[2] Nigel Meeson, *Admiralty Jurisdiction and Practice* . 1993. p. 69.

[3] *The Johannis Vatis*, 1922 p. 213.

[4] Tetley, M. L. C. , supra note 1, p. 977–980.

[5] R. S. C. Order 6, rule 8(1)(a). The court, may, however, extend the time for service for good reason. See Tetley, M. L. C. , supra note 1, p. 881–882.

[6] *R. S. C.* Order 75, rules 3(5), 3(6), and 8(2), referring to Order 10, rules 1(4)-(5).

[7] The Kherson, [1992] 2 Lloyd's Rep. 261, 267.

[8] Tetley, M. L. C. , supra note 1, p. 1091–1119.

[9] The Tremont, 166 Eng. Rep. 534, 534 (1841); Tetley, M. L. C. , supra note 1, p. 1098–1101.

(三)海事请求与扣押执行对物权

1981 年的《最高法院法》在第 20 节第 2 条中,列出了海事请求的限定内容,这些内容属于高等法院海事管辖权范围,并认可对人和对物诉讼程序的实行。这些内容反映了《1952 年扣船公约》第 1 条第 1 款的具体规定①,后者又反之确立了由英国在其 1925 年的高等法院联合条例中颁布的海事请求内容。② 但是,该法第 20 节第 3 到第 5 条中还列举了其他类型的请求形式,却没有一般的海事管辖权归属。

根据 1981 年《最高法院法》第 20 节第 2 条的规定,如下情况允许适用对物诉讼:诉讼请求涉及船舶或其任何份额所有权及占有权,诉讼请求和问题涉及船舶的财产、雇佣和收入,诉讼请求涉及对整船或其任何构成部分的抵押或收费,有关对船舶或其货物进行没收或控罪的诉讼请求。然而,实行的对物海事请求很多都属于下述两类之一:海事优先权和对物的法定权利。

1981 年《英国最高法院法》第 21 节第 2 条授予最高法院管辖权以为执行海事优先权而提起对物诉讼。海事优先权是一种保全性请求,因为对船舶提供的服务或因船舶而造成损害,向船舶、货物、运费或燃油提出。这是真正的"特权",由中世纪欧洲的民法和海法衍生而来。可以说,它是对他者财产的实质性权利,不应仅仅被视为是一个纯粹的程序问题。海事优先权的实行无须履行任何登记、通知或其他手续;海事优先权是独立于船舶占有之外的权利并随船流转到任何经手人之手;在受偿顺序上,他们仅仅排在特别立法权益、扣押和司法出售成本,以及法律监管费用、优先占有留置权之后。因此在对司法出售被扣押物所得进行处分时,它们先于船舶抵押贷款而优先受偿。英国海事法规定,海事优先权仅限于救助、损害、船员和船长的工资、船长支出,以及船舶抵押契约和船货抵押借款。③ 从另一方面而言,对物执行法定权利却是一个纯粹的程序行为,其功能是赋予有某种海事诉讼请求的申请人以权利,使其有权在提起诉讼时扣押船舶作为对请求事项的保全。此类请求包括供给、维修、造船和其他"必要事项",以及对违反租约、货物灭失或损坏、拖航、引航、共同海损提出的请求。④ 高

---

① *Arrest Convention* 1952, supra note 8, art. 1(1).

② *Supreme Court of Judicature (Consolidation) Act*, 1925, 15 & 16 Geo. 5, ch. 49, § 22 (Eng.).

③ Jurisdiction to adjudicate these claims is provided by the *Supreme Court Act*, 1981, ch. 54, § 20(2)(j) (Eng.).

④ Jurisdiction over statutory right in rem claims is provided by the *Supreme Court Act*, 1981, § 20(2)(g).

等法院可以根据1981年《最高法院法》第21节第4条对此类请求行使管辖权，但是只有满足在该条款规定的具体条件下才可行。对该法第20节第2条第e~r项规定的请求内容，大部分都属于对物的法定权利，但只能送达或者扣押一艘船。

对物诉讼中的法定对物权有时也被错误地称作"法定优先权"，它不同于海事优先权，区别主要体现在以下三方面：首先，前者是在英国发布对物令状之时开始产生的权利，而海事优先权是在向当事船提供服务或者由当事船造成的损害发生之后产生的。① 其次，法定对物权保护的请求，与海事优先权不同，不随当事船舶转移，所以如果对物令状签发之前，经买卖双方同意，该船已被出售，就不能再对其扣押。最后，在对司法出售收益进行处分时，与海事优先权所有者相比，法定对物权申请人的优先受偿的顺序要靠后得多，后于而不是先于船舶受抵押人。②

（四）令状的发布引起的法定对物权

在英国，对物令状发出之际即产生法定对物权，而不是在扣押船舶之时。③结果，法定对物权可以战胜在对物令状发出和扣押之间购得船舶的善意第三方买主，即便他当时并不清楚法定对物权的存在。④ 这既与法定对物权仅作为一个扣押程序以提供审判前保全的本意根本不相容，又显得不公平，因为它把法定对物权利变成了一个初期的海事优先权，一种实体性权利，而它本意远非如此。

英国在法定对物权产生于令状签发之时的坚持也引起针对居住于欧盟其他成员国的被告提起的海事诉讼在管辖权问题上的复杂化。根据《布鲁塞尔公约》⑤和1988年《卢加诺民商事管辖权和判决执行公约》的相似条款，一般情况下，对此类被告的起诉只能在其居住的其他欧洲国家进行。然而，《布鲁塞尔公约》的第57条在管辖权问题上或者对在"特殊事项"上牵涉缔约国的判决的确认和执行上，并没有对其他公约造成影响。

（五）被扣船舶的释放及错误扣船

船舶被扣押后，通常情况下，只要被请求人（船东）向海事请求人提供了担保，船舶就会获得释放。担保的形式可能是担保债券，向法院支付现金、银行保

---

① The Monica S. ,〔1967〕2 Lloyd's Rep. 113.

② Tetley, M. L. C. , supra note 1, p. 888–890.

③ The *Freccia del Nord*,〔1989〕1 Lloyd's Rep. 388, 392.

④ Hill, supra note 44, at 146;Jackson, Enforcement, supra note 44, at 197, 430;Meeson, supra note 45, p. 111.

⑤ Tetley, *International Conflict*, supra note 74, p. 805–808, 848–856.

函,或是船东保赔协会的保证书。担保被视为是被扣物的替代,从而在绝大部分案件中,预先排除了再扣押的可能。担保金额由法院裁定,但一般原则是足以支付申请人"合理争取的最大限额",以及利息和成本,但不超过被扣船舶的价值。① 对支持申请人诉讼请求的最终判决进行执行时,被执行对象可以是作为替代的担保,就像可以对被扣船执行一样。

虽然扣船可能对船东的船期产生严重影响,但法庭通常不会要求申请人提供反担保以对被告由扣船而招致的影响带来的损失进行保障,尽管有时法庭也会要求提供反担保。② 然而,申请人可能因为要求过分担保造成的损害要承担责任,这项规则已被写入澳大利亚法律之中。③

在英国,针对错误扣船对被申请人造成的损害,只有在法院认为该行为具有恶意或有重大过失的情况下,才要求请求人给予赔偿。④

(六)扣押及对财产权的保护

在英国,相比较美国而言,在船舶或其他资产被海事法院扣押后对私有财产权的保护更少得到关注。⑤ 英国没有要求在扣押后举行听证,这与现已有之的美国不同,因为美国宪法原则是"正当程序"。但是对所有权的一些保护却被体现在英国扣船体系之中。如果要在英国因为工资提起对物诉讼时,要对他国船舶实施扣押,而该船登记国在伦敦设有领事处,则扣押之前要通知当事领事。⑥ 在英国根据条约或公约规定降低扣押他国船只的可能性的情况下,类似的领事告知规则都适用。

《海事司法指南》第三号文件规定了相关程序以保护被扣货物所有人的权利,以保障被扣货物可以从未扣船舶上卸下,以及保障未扣货物可以从未扣船舶上卸下⑦。

由英国海事法官创设后发展起来的对物诉讼和船舶扣押,为1981年《最高法院法》中列举的海事请求类型的执行提供了一种有效的方法,而英国也通过其古代海事法,向其他普通法系国家,特别是英联邦国家,如加拿大,提供了对物扣押的法律基础。

---

① The Tjaskemolen, [1997] 2 Lloyd's Rep. 465, 474.

② The Tjaskemolen (No. 2), [1997] 2 Lloyd's Rep. p. 476.

③ *Admiralty Act*, 1988, ch. 34, § 34(1)(a)(i) (Austl.).

④ *The Evangelismos*, 166 Eng. Rep. 1858, p. 1174.

⑤ D. C. Jackson, *The Enforcement of Maritime Claims* 157 (1985).

⑥ *R. S. C.* Order 75, rule 5(5).

⑦ *R. S. C.* Order 75, rule 5(7).

二、加拿大对物扣押令

加拿大最高法院,在伊藤公司(ITO——International Terminal Operators Ltd.)诉米埃达电子公司(Miida Electronics Inc.)(在布宜诺斯艾利斯号)一案中①,认为加拿大海商法由两个主要部分构成:一是,一个联邦法律的体系包含侵权行为、合同、担保的(英国)普通法原则②,后者于 1934 年吸收自英国法律,随后在加拿大以法规和判例形式得以发展③;二是,现在的加拿大联邦法院如果在海商事方面有无限海事管辖权的话,可能用以执行更宽广的法律体系。"海商"与"海事"二词需要在"贸易与航运的现代语境下"进行解读。它们不受历史上英国海事管辖权的限制,但受制于由 1867 年《加拿大宪法》规定的联邦议会和省级立法机关立法权力的分配。④ 法院作为"加拿大海商法"两脉的第二支,必须裁定"涉案的(海事请求)内容与海商事具有整体相关性,因此是合法的具有联邦立法效力的海事法律"⑤。《加拿大联邦法院法》第 2 条第 1 款对"加拿大海商法"法定含义的规定体现了这两脉的观点。

(一)对物诉讼

与在英国一样,对物扣押的对物诉讼也是加拿大执行海事请求的主要手段,虽然《联邦法院法》第 43 条第 1 款也规定允许对人执行。⑥ 一般而言,船旗船舶登记或船舶所有权诉讼提起所在地都对海事管辖权没有限制。⑦ 同样与英国相同的是,加拿大也禁止对皇家特许令状船只和货物提起诉讼。《联邦法院法》明确规定,在对物诉讼中,豁免军舰、海岸护卫舰艇、警用船以及属于加拿大极其所属省的舰船。⑧《国家豁免法案》和《联邦法院法》⑨也对外国及其机构船只规定了豁免权,但该权利不适用于从事商业活动或计划商用外国国有船舶和船载货

---

① *ITO—International Terminal Operators Ltd. v. Miida Elecs. Inc.* (The Buenos Aires Maru) [1986] 1 S. C. R. 752.

② *Chartwell Shipping Ltd. v. Q. N. S. Paper Co. Ltd.* [1989] 2 S. C. R. 683, 717–31.

③ The Buenos Aires Maru [1986] 1 S. C. R. p. 752.

④ Formerly known as the *British North America Act*, 1867, 30 & 31 Vict., ch. 3 (Eng.).

⑤ The Buenos Aires Maru [1986] 1 S. C. R. p. 774.

⑥ *Federal Court Act*, § 43(1).

⑦ *Federal Court Act*, § 22(3)(a), (c).

⑧ *Federal Court Act*, § 43(7)(a)–(b). See generally Tetley, M. L. C., supra note 1, p. 1193–1198.

⑨ *Federal Court Act*, § 43(7)(c).

物。虽然在英国对物诉讼案件中,转管租约承租人可以控制当事船①,而在加拿大,只有船舶受益所有人才可以如此。② 与英国的情况相同,加拿大的定期及航次租船人,在他们不是受益所有人代理人的情况下,通常不能控制船只。

(二)海事优先权、法定对物权和准海事优先权扣押

根据《联邦法院法》,如下情况可以执行对物扣押:针对当事船或其股份的财产权、占有或所有权以及出售船舶收益提起的诉讼请求;共同所有人就船舶的所有权、使用和收益等存在的争议;由船舶抵押、担保契约或费用等提起的请求等。传统的海事优先权和法定对物权也都可以对物执行。③ 在加拿大法律中,"必要事项"比英国的范围更宽一些,主要表现在:《联邦法院法》第22节第2条第m款对请求管辖权的规定,不仅指向船舶运行或维护所需的"货品或原料"④,还指向"服务"⑤,包括装卸和驳运。海上保险请求也包含在加拿大的对物请求之中⑥,而在英国任何为尚未支付的保险费向船舶提出的权利都是存在争议的。

《联邦法院法》还突出了三类特殊的可被称为"准海事优先权"的海事请求,其特点是:它们是随船请求,即使船只在双方同意的情况下被售出也同样适用,而且在受偿顺序上,这些请求好比法定对物权,排在船舶抵押款之后。⑦ 该类请求具体包括:码头费用、港费和运河过桥费;领航费;共同海损部分。⑧

加拿大的对物扣押在程序上与英国大体相同,现在按照1998年《联邦法院规则》的规定执行。诉讼请求书由司法官员送达,一同送达的还有由联邦法院"指定官员"签发的扣押令和申请人的担保。将这些文件张贴于"船舶易见之处"后,送达即行生效。对物诉讼中的送达仅在审判中⑨,并在申请书发出后60日内送达才行生效。诉讼中被告船东的存在使案件本身兼具对人和对物两种特点。

通常情况下,被扣船只在担保金缴纳之后即可放行。审判后,如果诉讼请求

---

① *Supreme Court Act*, 1981, ch. 54, § 21(4)(b)(i)(Eng.).

② *Federal Court Act*, R. S. C., ch. F-7, § 43(3)(1985)(Can.).

③ See id. § § 22(2)(a)/(b)/(c), 43(2), and id. § § 22(2)(j)/(p)/(f)/(h)/(i) and id. § § 22(2), 43(2)-(3).

④ *Supreme Court Act*, 1981, ch. 54, § 20(2)(m)(Eng.).

⑤ Tetley, M. L. C. supra note 1, p. 578-580.

⑥ *Federal Court Act*, § § 22(2)(r), 43(3).

⑦ *Federal Court Act*, § § 43(2)-(3), 22(2)(l), (q), (s).

⑧ *Federal Court Act*, § 22(2)(l)/(2)(q).

⑨ Fed. Ct. R., Rule 483(1).

获准,则被扣船舶可能被司法出售以偿还债务,或者可以执行代替该船的担保金。司法出售的财产不受任何优先权约束。对销售收益的分配原则大体与英国相同,根据受偿顺序,在公平原则之下允许适当调整。

与英国的情况相反,在加拿大,法定对物权并不使其拥有者成为受保护的债权人,而且这些权利也只有在对物诉讼中当船舶或其他物实际被扣之后才产生。①

(三)受益所有权

《联邦法院法》第43条第3款规定,为了在对物诉讼中执行各种对法定对物权请求的管辖权,作为诉讼主要内容的船舶,在诉讼原因出现之时和在诉讼开始之时必须均为该船受益所有人拥有。因此,法定对物权并不随船,却会因为扣押令送达之前经双方同意的交易而无法实现。此外,加拿大的受益所有权被认为仅与船舶本身相关,而不像在英国那样与其股份相关。② 虽然第13条第3款并没有明确规定,但在诉讼原因出现之时,如果受益所有人对诉讼请求负有个人责任,其只可控制船舶。③

在加拿大,"受益所有人"的定义中包括"在注册所有人仅能发挥相当于如受托人、法人或代理人等中间人作用的情况下其背后"的人。④ 受益所有人之权益被描述为"具有必要的对物处置权特征"。⑤ 因此,它可以包含注册所有人的母公司或控股公司,只要此公司对当事船享有合法或正当的权利,包括船舶处置权。⑥

像英国法院一样,加拿大法院也会"揭开公司的面纱"来确定真正的受益所有人,但一般他们只会在有证据表明公司被操纵以假价或欺诈,进而实现免于被扣和承担对物责任目的的情况下如此操作。⑦

(四)姊妹船扣押、船舶释放及错误扣船

按照《联邦法院法》第43条第8款的规定,从1992年起加拿大就允许对姊

---

① Tetley, M. L. C. , supra note 1, p. 557-558, 577-578, 1037.

② Compare *Supreme Court Act*, 1981, ch. 54, § 21(4)(b) (Eng.), with *Federal Court Act*, § 43(3).

③ Tetley, M. L. C. , supra note 1, at 583 n. 149;see also Pegasus Lines Ltd. S. A. v. Devil Shipping Ltd. [1996] 120 F. T. R. 241, 253-256.

④ *Mount Royal/Walsh Inc. v. The Jensen Star* [1990] 1 F. C. p. 199, 210 (Fed. Ct.).

⑤ See Id. p. 209.

⑥ Tetley, M. L. C. , supra note 1, p. 581-582.

⑦ See, e. g. , *Fibreco Pulp v. Star Shipping A/S* [1998] 145 F. T. R. 125, p. 136-137.

妹船施行扣押。该法第 22 条准许出于海事请求提出的对姐妹船的扣押,一项诉讼请求可以扣押一艘以上的船只。相比之下,按照英国 1981 年《最高法院法》第 20 条第 4 款 b 项第 2 种情况的规定,姐妹船的扣押仅仅限于该法第 20 条第 2 款第 e ~ r 项列出的情况,第 21 条第 8 款更是将一次请求的扣船数量限定为一。另一方面,如果在诉讼提起之时,租船人或"过错船"的占有或控制人对请求的内容负有责任,英国法律允许对由其受益所有的姐妹船施行扣押。但是,在加拿大,只能对由"过错船"所有人受益所有的船舶执行扣押。① 而且,诉讼原因出现之后、诉讼提起之前,"过错船""受益所有权"的任何变化都会使法院失去对姐妹船的管辖权。

与英国一样,在加拿大,被扣船只在提供担保之后即可获释,而无论其担保形式为保释保证书、向法庭支付保释金、银行保函或船东保赔协会保证书。保释金额由法院裁量,但一般而言,应足以支付申请人"合理争取的最大限额",以及利息和成本,不超过被扣船价值②。担保用以替代扣押物,一般避免了同一诉讼请求再次扣押的可能。

虽然 1998 年《联邦法院规则》对反担保作出了规定,但通常,并不要求申请人提供。该规则授权法院在一些具体情况下为涉案被告提供"成本担保"。③

(五)扣押与财产权的保护

与美国宪法第 5 和第 14 修正案提出的正当程序概念相比,加拿大宪法原则中没有"法定的正当程序"的规定。加拿大 1960 年的《权利法案》中提到了"正当程序"和"享有财产权"④,但因为该法案并未写进加拿大宪法,所以不能像其他法规那样进行修订。再者,它仅适用于加拿大联邦(而非省级)立法管辖权之内的事务,在本质上属于纯宣言性质,而不具执行性,没有"权力"取消与之相矛盾、违反其规定之权利的法律⑤。

与《权利法案》不同,1982 年的《加拿大权利与自由宪章》被写进宪法,其既适用于联邦也适用于省级事务,而且还具有执行性。但是,该宪章并未对私有财产权的保护作出明确规定,而且如果按照第 8 条的规定,在事先未通知或举行听

---

① Hollandsche Aannaming Maatschappij, b. v. v. The Ryan Leet [1997] 135 F. T. R. 67, 69 (Fed. Ct.).

② *Amican Navigation Inc. v. Densan Shipping Co.* [1997] 143 F. T. R. 284, 290 (Fed. Ct.).

③ *Fed. Ct. R.*, Rule 416(1)(a)–(h).

④ *Canadian Bill of Rights*, S. C., 8 & 9 Eliz. 2, ch. 44, § 1(a) (1960) (Can.).

⑤ Tetley, M. L. C., supra note 1, p. 1007.

证的情况下,船东有免于"无理搜查和扣押"的自由,那么在多大程度上其可以成功援引该条内容质疑扣押其船舶的行为,也并不清楚。① 另外,宪章的某些规定仅仅适用于个人,而不适用于公司,并因此在绝大多数船东权利的保护上是无效的。② 替代性救济行为的可能性,对错误扣船造成的损失提起诉讼,防止涉案船舶离开管辖区的重要性,以及权利与自由得以保障的宪章第一条基本原则,都要"遵守自由民主的社会证明是正当的由法律规定的合理限制",这完全会使宪章在依照第 8 条对对物诉讼质疑时变得无效。③

与英国一样,加拿大允许希望阻止扣押的当事人登记扣押的限制性条款,它要为此就任何对物诉讼行为在要求的三天期限内提供保释金。④ 限制令使其在要求签发扣押令的一方随后无法向法院证明其无责任的情况下,弥补成本和损失。⑤ 但是,该程序在对无理扣押的效力上,远低于由法律规定的"正当程序"的一般原则。

三、美国对物扣押令和接管官委任令

因为美国在 18 世纪末脱离英国,所以在海事请求的执行程序上,它既保留了海事扣押令,又采用了对物扣押。目前,对此两个程序具体规则体现在《联邦民事诉讼规则之若干海事请求补充规则》海事扣押令和扣船令之中。因而,美国海事请求人可以选择提起:①对人诉讼;②对人诉讼和海事扣押令下的海事扣押申请;③对物诉讼和扣押令下的扣船申请。⑥ 美国海事诉讼程序的另一个特征是不论海事扣押令还是对物扣押都须遵守与宪法第 5 和第 14 修正案的"正当程序"条款一脉相承的某些宪法保护规定。

(一) 对物扣押令

因为美国海商法的民法渊源⑦,海事优先权长期以来都被视为实体性权利,而不像在英国和绝大多数英联邦国家那样,是法规中所规定的程序性救济措施。

---

① Tetley, M. L. C. , supra note 1, at 1014 – 15. In Jose Pereira E Hijos, S. A. v. Canada [1997] 2 F. C. 84, p. 108–109.

② *Jose Pereira E Hijos*, [1996] 2 F. C. p. 107–108.

③ Tetley, M. L. C. , supra note 1, p. 1011–1016.

④ *Fed. Ct. R.* , 1998, Rule 493(1), Form 493A.

⑤ See id. Rule 494(1).

⑥ Tetley, M. L. C. , supra note 1, p. 938.

⑦ William Tetley, *The General Maritime Law—The Lex Maritima*, 20 Syracuse J. Int'l. L. & Comm. 105, 1994, p. 121–128.

而且,它们(除了"海事优先权"本身的定义)已经被写入《商业文书和海事优先权法案》,而该法案的前身更加肯定该权利在成文之前确立的实体性特征。该法案也对受偿顺序作出了规定。海事优先权中的"人格化"(即在对其的诉讼中把其视为人而对诉讼请求负责)有助于对其实体性质的理解。[1]

美国海事法律没有规定法定对物权。法案中列出的所有海事请求均受海事优先权保护,"海事优先权"在提出请求的同时产生,随船并且先于船舶抵押。根据美国法律,对如"船舶备品"(供给、维修、燃料等)、共同海损分摊、拖带和海上保险费用提出的请求,均会产生海事优先权。此外,美国对"必要事项"的定义要比英国或任何英联邦国家更加广泛,所以,实际上其承认对有利于船舶航运、管理、商务或目的的任何商品或服务的海事优先权。[2]美国的海事优先权分为两类,区别在于受偿顺序。①"优先船舶优先权"[3]包括船员和船长工资,救助(包括合同救助),海事侵权行为造成的损失,由船东、船长、经理或某些代理人直接聘用的装卸工人的工资;②"合同船舶优先权",其在受偿顺序上,先于优先船舶抵押权。[4]优先船舶优先权在优先船舶抵押权之前受偿,而其他的船舶优先权属于产生于优先船舶抵押权登记之后的合同船舶优先权,在受偿顺序上后于后者。

美国船舶优先权法包含两个排序规则,其中之一将未受1936年《商船海运法》第11条保护的外国优先船舶抵押权置于比美国优先船舶抵押权次要的位置。[5]而另一条规则则将其置于美国提供的船舶备品优先权之后。[6]

船舶备品的优先权,在当事人被授权或被推定授权时产生。[7]因此,该优先权甚至可以在如下情况下产生:在船东不能证明供应者在优先权产生时确切知悉租约的禁止性条款时,据此拒绝承租人引起的对船优先权。[8]这与英国和加拿大法律相比,也相当宽松。船舶备品请求的合同必须属于在美国海事管辖权

---

① Tetley, M. L. C. , supra note 1, p. 53–55.

② Tetley, M. L. C. , supra note 1, p. 588–589, 592–594.

③ 46 U. S. C. § § 31301(5), 31326(b)(1) (1997).

④ 46 U. S. C. § 31301(5)(D)/(F)/(B)/(C), 31301(4) and 31301(5)(A).

⑤ Tetley, *International Conflict*, supra note 74, p. 540.

⑥ Tetley, *International Conflict*, supra note 74, p. 540.

⑦ 46 U. S. C. § 31342(a)(3).

⑧ Tetley, M. L. C. , supra note 1, p. 598–600, 604–606.

范围之内的"海事"合同。① 而要使优先权产生,合同必须履行,至少部分履行。②

1. 因海事优先权控制船舶

在界定对物诉讼中对船舶的控制权问题上,美国法律也比英国或加拿大法律更宽松,该权利并不仅限于船东和转管租约承租人。因为,船舶备品可以由船东、船长或者由船东任命的代理人,(定期或航次)租船人,限于这一特定场合(也就是转租或光船承租人)的船舶所有人或占有该船的同意买主进行购置。③美国海事优先权法与英、加不同,并未对船舶或其股份的"合法"(注册的)船东和"受益"所有人进行区分。

2. 对物的执行

美国法律规定,优先船舶抵押权受抵押者和享有船舶优先权者都享有民事对物诉讼中可执行的留置权。④ 美国和外国船只都可能被对物执行。但是像其他大多数国家一样,执行对象不能是"公共船舶"。《公船法案》和《海事法案诉讼》禁止对任何由美国政府所有、转租或运营的船只实施扣押或控制,也不允许针对"公船"提起任何优先权。而根据《外国主权豁免法案》,由外国政府或其"代办机构或组织"所有和经营的船只也免于审判前扣押或控制,但只限于其政府和非商业性活动。⑤ 然而在执行优先船舶抵押权时,扣押对外国政府所有的船只同样适用。⑥

3. 扣船令下的对物扣押

根据扣船令的规定,美国对物诉讼,允许因执行海事优先权而对任何船舶或其他海事财产实施扣押的条件是:在诉讼被提起或诉讼中止期间,拟扣物属于联邦区域法院管辖权之下。⑦ 扣押完善了优先权,获得了管辖权,并为诉讼请求内容获得了审判前担保。根据扣船令,经由原告提起诉讼,誓约或严正确认核实,再加上书面证词,扣押才可以实施。如无"不切实际"的"紧急情况",扣押令签发之前,均要求执行司法复查。⑧ 扣押令连同对被告的传票,由书记员按照法院命令签发,执行官将扣船通知张贴到当事船上,并将一份诉状和扣押令送达船长

---

① See id. p. 590.

② See id. p. 596–613.

③ 46 U. S. C. § 31341(a).

④ Supp. Rule C(1)(a).

⑤ Tetley, M. L. C., supra note 1, p. 943, p. 1172–1180.

⑥ 28 U. S. C. § 1610(e).

⑦ *Republic Nat'l Bank v. United States*, 506 U. S. 80, 84, 88– 89, 1993 AMC 2010, 2013, 2015–16 (1992).

⑧ Supp. Rule C(3), supra note 4.

或负责人,该船即被扣押。任何对扣押财产有诉讼请求的个人都有权参与简单的扣押后听证。当事船可以出售以偿付优先权请求,但如果销售收入不足以支付请求项,则船东不对余额负责,因为对物诉讼仅仅指向被扣船舶或者其他物品。①

4. 船舶的释放和错误扣船

如提供足够的担保,被扣押或保全的船舶可以被释放。担保可代替物品,且通常据同一请求不能再次扣押。在美国,担保的形式为特别保证金,这种对扣押或保全物品的释放是由原告提出的。特别保证金的多少由双方决定,如果双方没达成一致则由法院裁定,但法院裁定的保证金应足以涵盖原告提出的合理请求以及利息和成本,但是不能高于财产中价值最小的部分,也不得高于所请求数额的两倍。② 担保也可以为总保证金的形式,该种保证金适用于所有在该地区提起诉讼的扣押物品。对已开始而未决的诉讼保证金的数额必须保持为请求数额的两倍。最后,担保可包含一个条款,该条款通常为船东互保协会的保赔函,其他情形下,是一封信用证明或是委付押金。

除此之外,对被告已提供担保的诉讼,就同一交易被告提出反诉,原告应当提供反担保,除非法院指出"已表明的原因"。③ 对于请求和被告提出的担保数额超出实际损失数额较大的部分原告也应提供担保。

在海事案件中,美国法院会毫不犹豫地对错误扣船授予赔偿的权利。然而在英国和加拿大,只有不守信用、恶意或明显过失时才授予赔偿的权利。经常有起诉被推定为恶意。④ 当只是错误的扣押或保全时,有时候只判决赔付成本而不是损失。若要求的担保过高,美国法院也会判其赔偿损失。

5. 法定对物权的保护

1791 年通过的美国宪法第 5 修正案禁止联邦法院非经正当程序剥夺任何人的生命、自由和财产。⑤ 第 14 修正案对州法院做出了类似的禁止性规定。由于在 20 世纪 60 年代和 70 年代美国最高法院对民事案件的某些裁决,比如对扣押令的裁决,引起了人们从宪法的层面对海事对物扣押和保全的疑问。这些质疑是基于程序的正当性,特别是涉及海事执行程序是否应当规定对直接受其影

---

① *Bay Casino*, *LLC. v. M/V Royal Empress*, No. 98 CV 2333 (SJ).

② 20*th Century Fox Film Corp. v. M/V Ship Agencies*, Inc. , 992 F. Supp. 1429, 1429 (M. D. Fla. 1997).

③ Supp. Rule E(7).

④ Tetley, M. L. C. , supra note 1, p. 1071–1076.

⑤ U. S. Const. amend. V.

响作为被告的船主进行事先通知和听其陈述。① 关于这个问题美国不同的法院做出了各种相互矛盾的裁决,在对法律的重新审视中美国法学界进行了激烈的争论。②

在 1988 年的《商业票据和海事留置权法案》中规定了进一步的保障措施,要求对执行优先抵押留置的或海事留置阶段的对物民事诉讼应"实际通知"。联邦区法院必须把通知寄给:①船主或控制船舶的个人;②未清偿留置权请求的任何人;③未清偿抵押诉讼的抵押权人。③

(二)接管人委任令

在美国,接管人是指由法院指定与诉讼标的无利害关系的人,由其管理、照料、接收、处分财产或财产的收入。接管人只有法院和有关法律赋予的权利,除法律另有规定外,委任接管人只产生其所接管的财产的占有上的改变,而不是所有权的改变。委任接管人的裁定可能只要求其占有财产、保持财产,但也可以规定诸如继续经营、收取利润、出售财产之类的义务。委任接管人与扣留债务人财产、扣留在第三人手中的债务人的财产一样,都可以被原告用来迫使被告进行和解,争取有利于原告的和解条件。但与这两种程序不同的是,原告并不能据此得到债务人财产上的担保权益,因而原告得不到对其他债权人的优先权。美国这一法令与英国的"接管官任命令"有相似之处,只是英国的接管官是指在法院认为财产于纠纷之前不宜由任何一方当事人占有的情况下由法院所委任的在最终裁决之前占有和谨慎处理该财产或者孳息的法院官员。④ 法院需要委任接管官的情形一般有两种:①纠纷的存在妨碍财产的商业利用,不论纠纷如何解决,对双方当事人都有损失;②财产需要保护,以免使之承受由于纠纷而带来的风险,或者一方当事人实行不当干预使财产遭受损失。⑤

(三)置存法院

根据美国《联邦民事诉讼规则》第 67 条规定,如果诉讼是关于金钱支付或金钱处置或任何其他可支付之物的判决,当事人在通知另一方当事人并经法院准许后,可以将所有或部分金钱或物置存法院。进行置存的当事人应将准许置存的令状送达给法院书记官。

---

① Tetley, M. L. C., supra note 1, p. 952–954.

② Tetley, M. L. C., supra note 1, p. 954–956.

③ *Commercial Instruments & Maritime Liens Act*, 46 U. S. C. § 31325(d)(1)(A), (B), (C)(1997).

④ Axel Bosch, op. cit., p. 202.

⑤ 贺万忠:《国际海事诉讼法》,世界知识出版社,2009 年版,第 213 页。

四、法国海事财产保全措施

法国没有经历过困扰了英国司法几个世纪的海商法和普通法之间的冲突，故不像英国那样，在法国对债务人任何财产的查封的预判从来没有"迷失"过。相反，至今法国只有对人的诉讼。然而，为在判决前给予请求人保证，该种诉讼和海事保全或诉讼保全进行了结合。除此之外，法国至少看上去并没有被该风险所困扰，即没有提前通知或听讼的海事保全会侵害被告人的正当程序权利。[①]

（一）对船舶和其他财产的保全

在法国，船舶保全受特别规定条款的制约。[②] 其程序规定在 1967 年 10 月 27 日的第 67 至 967 法令中，1971 年 2 月 24 日的第 71 至 161 法令对其进行了修订。另一方面，规定对货物、运费和其他财产比如银行账号和保险收益保全的程序受法国普通法关于民事执行程序的制约，其规定在 1991 年 7 月 9 日的第 91 至 650 号法律中[③]，1992 年 7 月 31 日第 92 至 755 号法令对其进行了完善。[④] 1988 年，法国最高法院推翻了各种上诉法院先前的判例法，认为因为燃料仓是船舶的一部分，对于它的保全像对船舶本身的保全一样应受海商法的规制，而不受关于动产执行一般立法的制约。[⑤]

1. 船舶的保全

在法国有两种船舶保全制度：根据法国加入的《1952 年扣船公约》的"国际"制度和受 1967、1971 法令制约的"国内"制度。国际制度规制对悬挂参加 1952 年扣船公约的缔约国国旗的海上船只的保全，国内制度适用于法国居民在法国港口对法国船舶的保全。[⑥] 根据《1952 年扣押公约》8（2）条款，被保全的船舶不是法国船舶或没有悬挂缔约国的国旗，可根据公约 1（1）条款认可的海事诉讼或根据相关缔约国的法律许可保全的诉讼进行保全，在该情况下可适用法国国内制度。

2. 许可海事保全的诉讼

在国际制度下，只有《1952 年扣船公约》第 1 条第 1 款所列举的海事诉讼才

---

① Tetley, M. L. C. , supra note 1, p. 962-963.

② Law No. 67-5 of Jan. 3, 1967, J. O. , Jan. 4, 1967, p. 106.

③ Law No. 91-650 of July 9, 1991, J. O. , July 14, 1991, p. 9228.

④ Decree No. 92-755 of July 31, 1992, J. O. , Aug. 5, 1992, p. 10530.

⑤ Cour de Cassation, Cass. Com. , Jan. 13, 1998, 1998 D. M. F. 823.

⑥ *Arrest Convention* 1952, supra note 8, art. 8（4）; see also Martine Rèmond-Guilloud, Droit maritime p. 288 (2d ed. 1993).

可对船只进行保全,对这一"封闭性目录"应作限制性解释。① 法官只是对提出的诉讼是否属于目录的某一种类进行证实。根据法国国内制度,只要某一诉讼看上去"原则上成立"而不论何种诉讼、是否为海事诉讼,都可以对船舶进行保全。② 然而在授权船舶保全前必须使法官相信该诉讼请求是"确定和严肃的"。③ 因此,两种制度都没有把保全局限在会导致海事留置权的诉讼中(一种海事优先权)。然而法国认可因下列原因导致的海事留置权:①诉讼成本和司法出售成本;②吨位费、港口费、领航费和从船舶进入最后港口(保全发生的港口)的船舶保存花费;③因雇佣合同和船长、船员以及雇佣的其他船上人员有关的诉讼;④打捞和救助报酬和共同海损收益;⑤碰撞和其他航海事故的损害、港口安装或水面损害;⑥达成的合同引起的诉讼,船长为了保存船舶或继续航行的现实需要在其合法的权利内使船舶驶离船舶国内港口而引起的诉讼。④ 根据《1952年扣船公约》的1(1)条款,尽管在一些案例中表述不同,大多海事留置权诉讼还是作为"海事诉讼"包括在其中。⑤ 因此在法国两种制度都许可保全。

3.扣船程序和管辖

申请海事保全应向商事法院的院长提出,如院长不在,可向低一级的法院的法官提出。查封的命令由执行官执行,通常情况下船长在场。执行官任命一名监护人。⑥ 甚至在船舶启航的地方可把船舶扣押。被扣押船舶禁止离港,但不能影响船主的其他权利。

由于法国最高法院1995年的裁决⑦,现在不能确定法国保全本身是否足以建立进行诉讼判决的法国法院的国际管辖权。该裁决推翻了曾经被认为是支持扣押法院国际管辖权确定的规则。最高法院在根据诉讼的实情授予管辖权时,除了要求查封的地点之外还要求为法国国际私法规则所认可的相关联因素。⑧

和其他国家相同,法国不允许扣押属于法国政府的船舶。因为法国法律绝

---

① Tetley, M. L. C. , supra note 1, p. 965.

② Decree No. 67-967 of Oct. 27, 1967, J. O. , Nov. 4, 1967, p. 10836.

③ See, e. g. , Cour de Cassation, Cass. Com. , Mar. 19, 1996, DMF 1996, 503, 504; C. A. Aix, Sept. 12, 1996, 1997 D. M. F. 36, note G. Gautier, commentaire P. Bonassies, DMF Hors Série No. 2, 1998, no. 64; Rèmond-Gouilloud, supra note 280, p. 289.

④ Law No. 67-5 of Jan. 3, 1967, J. O. , Jan. 4, 1967, p. 106.

⑤ *Arrest Convention* 1952, supra note 8, art. 1(1).

⑥ Vialard, supra note 283, p. 374.

⑦ Tetley, M. L. C. , supra note 1, p. 968.

⑧ Cour de Cassation, Cass. com. , Feb. 11, 1997, 1997 D. M. F. 616, note P. Bonassies & commentaire, DMF Hors Série No. 2, 1998, No. 72.

对禁止对"公共人"和其财产进行任何执行措施和任何形式的查封。① 法国赞成1926 年《国有船舶豁免公约》和它的 1934 年的补充协议中规定的约束性的外国主权豁免原则。该原则规定只有当诉讼原因出现时,船只从事的服务完全是政府性的、非商业性,对外国国有和国营的船舶查封、扣押和拘押的豁免才能被认可。② 因为现在许多事实上由政府拥有的船舶形式上由国有代理机构或国有公司拥有和经营。法国法院运用"发散理论"有时候对那些所谓的由"独立"机构运营而企图躲避债务的外国政府的豁免权予以否认。③

4. 船舶释放和错误扣船

法国法律提供了两种解除扣押的方式。船主可向高等法院提出申请释放船只。如果释放被许可,进行扣押的债权人会失去所有的诉讼优先权,且通常会被要求对扣船引起的损失进行赔偿,主要是解除扣押的花费。④ 因为在法国解除的程序一般较长。船主通常倾向第二种解除选项,即船主提供足够的担保,向高等法院的院长提议寻求命令授权船舶离开保全港口进行一次或多次确定的航行。⑤ 院长必须为船舶返回扣押港口确定最后的期限。如果超过最后期限,债权人将对担保行使权利。尽管应有银行提供担保,但担保通常采用船东互保协会保函的形式。该保证可当作船只的替代。⑥

像其他国家一样,对船舶的司法拍卖为行使海事执行管辖权的最后一种方式。对最终判决执行的保全规定在法国 1967 年法令的条款之中。⑦

根据《1952 年扣船公约》第 6 条第 1 款的规定,关于因损害责任的问题而进行船舶扣押适用发生扣押行为地的缔约国的国内法。法国法律对此没有特别的规定。但是至少一些法国法院准备对那些看起来有恶意的或有明显过失的非正当船只扣押授予赔偿权。⑧ 如扣押没有法律根据,扣押方的债权人应当对保全期间船主对船舶的维修费用负赔偿责任。⑨

① Tetley, M. L. C. , supra note 1, p. 1205–1210.

② *Immunity of State-owned Ships Convention* 1926 *art.* 3;see also Tetley, M. L. C. , supra note 1, p. 970–971.

③ Tetley, M. L. C. , supra note 1, p. 1166.

④ Tetley, M. L. C. , supra note 1, p. 969–970.

⑤ Decree No. 67–967 of Oct. 27, 1967, J. O. , Nov. 4, 1967, p. 10836.

⑥ Decree No. 67–967;Tetley, M. L. C. , supra note 1, p. 970.

⑦ Decree No. 67–967, arts. 31–58.

⑧ Rèmond-Gouilloud, supra note 280, at p. 300;Tetley, M. L. C. , supra note 1, p. 1077–1079.

⑨ Cour de Cassation, Cass. Com. , Mar. 3, 1998, 1998 D. M. F. 699, note R. Rezenthel.

(二)临时裁定

临时裁定又称为禁令或暂时阻止令,或紧急审理裁定。[①] 其是指法律授权不受理争讼的法官根据一方的请求,在另一方到案或经传唤后立即命令采取必要措施的临时性裁判决定。临时裁定一般适用于紧急情况,并由法院单方面作出以维持现状直至争议得以最终解决。法国新民事诉讼法第484—492条对此作了一般性规定,而第808—811条对法院的紧急审理裁定作了特别的规定。其中第808条规定,紧急情况下,法院院长紧急命令采取不会遇到严重争议的任何措施,或者命令以存在的争议证明有必要的一切措施。第809条第1款规定,为防止即将发生的损害,或者制止明显非法的扰乱,法院院长始终可以紧急规定采取保全措施,或者规定采取必要的恢复原状措施,即使存在严重争议。同条第2款规定,在对债务的存在没有严重争议的情况下,法院院长同意给予债权人预付款,或者命令履行债务,即使涉及的是作为之债。[②]

五、德国假扣押措施

财产性海事请求保全措施在德国体现为假扣押。假扣押是指扣押将来败诉债务人的财产或人身以确保将来金钱判决的执行,即假扣押所保全的债权人的请求权必须是金钱债权或可以转化为金钱的债权。而假扣押所针对的主要是债务人的财产,即对物假扣押,也可以是债务人人身,即对人假扣押。在对物假扣押情况下,被扣押的财产不需要同将来胜诉债权人的请求权有任何联系,除一些不能供清偿债权人请求之用的财产外,债务人的任何财产都能被扣押,包括在第三人占有中的财产,以及债务人对第三人的请求权。

假扣押是冻结债务人财产的一种手段,而法院就假扣押申请的裁判具有一般性,其无须指明所涉的具体财产即可生效,因而这种冻结措施在债权人未列明冻结措施所针对的具体财产时就无法发挥其功能。同样,由于第三人并无尊重假扣押裁判的义务,这势必影响到假扣押的保全功能的发挥。因此,假扣押裁判的执行往往需要一些具体的执行措施作为保障,如财产的扣留、扣押或具体的登记措施。这种现象源于假扣押的双重特点:假扣押本身并不是对物措施,但具体的执行措施却产生对物效力。

---

① Axel Bosch, *Provisional Remedies in international Commerical Arbitration*, p. 256.

② L. Collins, *Provisional and protective measure in international Litigation*, (1992) ⅲ Hague Recueil, p. 20, p. 56−57.

六、其他大陆法系国家相关措施

由于荷兰的民法源于拿破仑法典,所以其临时性海事请求保全措施类似于法国。荷兰的财产性保全措施主要是保护性财产扣押令。保护性财产扣押令是指经申请人申请,法院在紧急情况下作出的为阻止债务人对财产的处分而对债务人财产予以扣押直至终局判决的法令。在实践中,主要用于冻结债务人财产,扣押的对象包括不动产、动产、有限权利、货物或公司的股权、股票、证券、船舶、飞机、非在船舶上的救助货物等。申请人还可请求法院将扣押财产置于法院或委托于法院指定的保管人,这点和英国的接管官任命令类似。扣押令也可直接针对第三人占有的债务人的财产或第三人应该对债务人承担的债务,如债务人的银行账户的资金等。比利时的保护性措施包括债务人的财产扣押令和扣押(阻止支付令),前者直接针对债务人所拥有的财产,后者针对第三人所欠债务人的金钱或财产,与荷兰的保护性扣留财产令类似。

丹麦的财产性海事保全措施规定在 1988 年修正的《司法行政法》中,主要是审前扣押。审前扣押是通过扣押债务人的财产使债务人无权处分该财产从而保障债权人的权利。审前扣押意在确保债权人可以执行的财产维持现状,并不限制其他债权人从中受偿。

希腊的财产性海事保全措施规定在《民事诉讼法》第 682 条和第 692 条中。主要有支付保证和抵押函、扣押和司法接管。支付保证和抵押函规定在《民事诉讼法》第 704—706 条,意在确保债权人金钱请求权或可以转化为金钱请求权的请求实现。扣押规定在《民事诉讼法》第 707 条,禁止当事人处分被扣押的财产,能扣押的财产包括债务人所有的任何财产,不论其为债务人所有还是为第三人所占有。司法接管规定在《民事诉讼法》第 725 条,在发生有关动产或不动产所有权纠纷的情况下,法院可以指定置于接管之下的特定财产,并委任接管人接管。

在西班牙,海事请求临时性保全措施主要包括预防性扣押令、货物和动产扣押令、预防性说明请求令等临时性保全措施。预防性扣押令意在阻止财产所有人自由处分其财产,不仅适用于支付特定数量的金钱请求,也适用于约定以贷款之债。货物和动产扣押令针对的是被债务人占有的作为诉讼标的的货物和动产。预防性说明请求令意在将就某一财产已经存在的所有权请求告知潜在的买主,以有效地剥夺第三人在随后的诉讼中作为善意购买者的地位。临时性保全措施是指根据西班牙《民事诉讼法典》第 1428 条的规定,法官有根据案情发布执行判决所必要的临时性保全措施的自由裁量权。①

第三节　两大法系主要国家行为性海事请求保全措施

一、英国中间禁令和马瑞瓦禁令

(一)中间禁令

中间禁令是旨在维持特定情势直至纠纷最终裁决的命令。既为禁令,常指禁止被告去做某一些事或采取某一些行动,成为阻止禁令;当然法院也可命令被告去做一些事或采取某一行动,称作强制禁令。在时效上,中间禁令可以维持至最后审理。中间禁令有两大效果:①防止争议财产为当事人所滥用,防止当事人将财产转移至英国境外。②产生一些对合同的临时性特定履行。其程序大致如下:申请海事禁令要向英国高等法院皇座法院提出,申请人可在诉因审理前或后申请禁令,当申请人为原告且案情紧急,申请可通过宣誓书单方面作出,除此之外,申请应当通过动议或传票作出。② 和财产性临时保全措施一样,禁令的申请也可分为单方申请和"双方出庭争辩"申请。申请人要对与申请禁令有关的信息进行全面和坦率披露。申请人在其禁令遭到否决时,可向上诉法院上诉。对于法院作出的单方面禁令,被告有权向法院申请撤销,并将之通知对方当事人。对于"双方出庭争辩"申请的禁令,被告有权在禁令颁布之前出庭抗辩,对颁布禁令的必要性进行异议。③ 禁令作为一项衡平救济必须对人实施,禁令执行前必须向被告本人送达。④

(二)马瑞瓦禁令

通过创立马瑞瓦禁令,部分程度上,英国海事保全的巨大损失得到了缓解。其创立者,丹宁法官认为该禁令是"本时代司法改革最伟大的成果"。马瑞瓦禁令的名称来自在英国上诉法院审理若斯男爵 Mareva Compania Naviera 诉 International Bulkcarriers S. A. 一案中,丹宁法官在二审中作出的补救裁决。马瑞瓦禁令的目的是,如在法院看来不签发该禁令会危及原告的胜诉时禁止被告

---

① Axel Bosch , op. cit. p. 655.

② 一般申请以动议或传票送达或告知被告,动议是向高等法院大法官法庭申请中间禁令,而皇座法庭负责商业争议,以传票作出申请。

③ Axel Bosch , op. cit. ,p. 219–220.

④ See id. p. 216.

在诉前或诉中从管辖区内转移财产(动产或不动产),或禁止其处分财产。①

英国1981年《最高法院条例》第37条第(3)款明确把签发马瑞瓦禁令的权力授予高等法院,其规定如下:根据第(1)条款,高等法院有权授予中间禁令限制任何诉讼程序的一方当事人从高等法院辖区内转移或处理位于该辖区内的财产,若案件当事人在该辖区内有或者没有住所、惯常居所或出现,且其财产可供执行。② 在1994年英国签发了"实施指南",规定了马瑞瓦禁令实施的各种细节。③

1. 签发马瑞瓦禁令的条件

授予马瑞瓦禁令的主要条件早在英格兰最初的一些裁决中就得以确定,其中大多是海商法判决。④ in Third Chandris Shipping Corp. 诉 Unimarine S. A 一案中,丹宁法官建立了五项指南以确保马瑞瓦禁令不会不加区别地被授予。⑤ 这些指南和禁令申请人书面陈述的内容有关。它们要求:①全面、坦诚地公开申请人所知的且法官应知的材料;②公开申请人诉讼请求的具体细节,包括其依据、数量以及对被告人的所持反对观点的公平陈述;③申请人相信被告人在该辖区内有财产的依据;④申请人相信在判决或仲裁裁决作出前存在财产被转移风险的依据;⑤若败诉或禁令证明不合理,申请人作出赔偿被告人损失的承诺⑥;⑥当外国人向对其学识和公正无异议的法官提起有效的诉讼或仲裁时应向英国法院提出。正如在 Maritime Corp. 诉 Trave Schiffahrtsgesellschaft Co. 一案中所述,原告必须举出有严重风险的证据,严重风险即是辖区内财产不仅将被转移或挥霍,而且如不签发禁令在辖区内外没有其他手段来执行作出的判决。⑦

当今在英国,马瑞瓦禁令授予的基本标准要求原告举出:①申请时对辖区内

---

① *A/S D/S Svendborg & Another Estonian Shipping Co. v. Wansa*, [1996] 2 Lloyd's Rep. 559, 575-576.

② *The Supreme Court Act*, 1981, ch. 54, § 37(3) (Eng.).

③ *The Practice Direction* of July 28, 1994, reproduced in [1994] 4 All E. R. 52. Note that a new standard form of Mareva injunction was issued by the High Court in its Practice Direction of October 28, 1996. See [1996] 1 W. L. R. 1552 (1997).

④ See, e. g., *Third Chandris Shipping Corp. v. Unimarine S. A.* (The Genie), [1979] 2 Lloyd's Rep. 184, 189;The Assios, [1979] 1 Lloyd's Rep. 331, 333-34 (C. A.).

⑤ [1979] 2 Lloyd's Rep. p. 184.

⑥ Tetley, M. L. C., supra note 1, p. 987-988.

⑦ Tetley, M. L. C., supra note 1, at 988-89;see also A/S D/S Svendborg v. Wansa, [1996] 2 Lloyd's Rep. 559, 567-568.

的被告进行诉讼的原因①;②具有很强可辩性的案件②;③被告在辖区内有财产(有形的、无形的;动产、不动产;此外还包括船只、货物、燃料仓、出售的收益、银行账户等)③;④被告可能会通过从辖区内转移财产或挥霍而阻碍判决的实施④;⑤对便利的权衡支持禁令的签发。⑤

2."世界性"的马瑞瓦禁令

马瑞瓦禁令最初是用来阻止英国和外国的被告把其在英格兰或威尔士的财产转移出去或挥霍这些财产。然而,从1988年起,英国法院开始签发所谓的"世界性"马瑞瓦禁令,其目的是限制受英国司法管辖的被告对其在英格兰和威尔士之外的财产的转移或挥霍。⑥ 根据马瑞瓦禁令可签发命令,要求位于司法管辖权之外的财产转移到对马瑞瓦禁令认可的辖区内。⑦ 除了申请马瑞瓦禁令要证明的事实之外,一般地,世界性马瑞瓦禁令还要求申请人满足法院下列要求:被申请禁令方在辖区内缺乏足够的财产来满足诉讼请求,以及案件的情形迫切需要马瑞瓦禁令。签发世界性的马瑞瓦禁令令许多法学家惊愕,在他们看来,这一禁令性的救济措施的域外效力表明英国法院在进行长臂管辖。

3.马瑞瓦禁令的程序

英国关于马瑞瓦禁令的程序主要规定在1994年《实施指南》中。⑧ 较签发对物法令状程序而言,马瑞瓦禁令程序更重视对被申请禁令方物权的保护。

马瑞瓦禁令可在审判开始之前或之后签发。若在审判前授予,禁令通常在令状之后签发。但如申请人致力于签发"即刻"令状或"从速实施"甚至也可在令状之前签发。⑨ 被告提出反诉,也可由被告请求马瑞瓦禁令。⑩

申请马瑞瓦禁令,需向法官提交如下材料:法律令状(如令状已签发)、书面

① *Mercedes-Benz A. G. v. Leiduck*, [1995] 2 Lloyd's Rep. 417, 423-25 (P. C.).

② The Niedersachsen, [1983] 2 Lloyd's Rep. 600, 605 ; Rasu Maritima S. A. v. The Pertamina, [1977] 2 Lloyd's Rep. 397, 404 (C. A.).

③ Tetley, M. L. C., supra note 1, p.987.

④ The Niedersachsen, [1983] 2 Lloyd's Rep. p.617.

⑤ *Felixstowe Dock & Ry. Co. v. U. S. Lines Inc.*, [1987] 2 Lloyd's Rep.76, 93-95.

⑥ See, e. g., *Derby & Co. v. Weldon* (Nos.3 & 4), [1989] 2 W. L. R.412 (C. A.).

⑦ *Derby & Co. Ltd. v. Weldon* (No.6), [1990] 1 W. L. R.1139 (C. A.).

⑧ *Practice Direction* 1994, supra note 321.

⑨ Id. Annex 2, Sched. 1(2), Annex 3, Sched. 1(2).

⑩ *Fakih Bros. v. A. P. Muller* (Copenhagen) *Ltd. Moller*, [1994] 1 Lloyd's Rep. 103, 110 (1993).

陈述,其列出相关申请的事实和原因、寻求命令前的草案。① 申请人必须作出"承担损害责任的交叉承诺"以便能在其败诉时对被告因此遭受的损失进行赔偿,以及补偿第三方因遵守该命令而引起的合理费用或其他损失。②

一旦授予,马瑞瓦禁令即刻生效。但是命令应送达被告和其条款考虑到的第三方。马瑞瓦禁令还可以与一个或更多的"辅助命令"相结合。特别是其可与对物诉讼相结合。③ 若禁令对无辜的第三方造成不利影响,英国法院也可对其撤销或变更。④

二、加拿大马瑞瓦禁令

追随英国,加拿大早在 1979 年就不失时机地接受了马瑞瓦禁令。⑤ 加拿大最高法院在 Aetna Financial Services 诉 Feigelman 一案中就认可了马瑞瓦禁令,但警告关于禁令应用的英国规则不能不加修改地简单地移植到像加拿大这样的联邦国家。法院进一步坚持认为,在加拿大,马瑞瓦禁令申请人为获得禁令必须表明本案是"强有力的表面证据确凿"的案件,而非只是"具有很好辩论性的案件"。⑥

加拿大联邦法院(其主要受理海事法律争端)的马瑞瓦禁令程序受 1988 年《联邦法院规则》中关于中间和临时禁令一般规则的制约。⑦ 法官根据动议授予禁令。提出动议的一方应"承诺遵守因禁令的授予或延长引起的损失而签发的命令",除非法官签发别的命令。在效果上,这相当于英国的"承担损害的交叉承诺",要求申请人提出保证以防该禁令被证明是不合理的。在紧急情况下,法官有足够理由认为不签发通知是可能的或签发通知将不符动议目的,应一方单方动议,可签发临时禁令,为期不超过 14 天。

把马瑞瓦禁令和对物诉讼及保全相比,各种措施的优劣之处彰显无遗。马瑞瓦禁令只是冻结财产的法院的命令,其本身并不能把法院的管辖权建立在基础性的诉讼的法律权利之上,也不能授权法院把冻结的财产进行司法出售来满

---

① *Allen v. Jambo Holdings Ltd.*, [1980] 1 W. L. R. 1252 (C. A. 1979).

② Annex 2, Sched. 1(6), Annex 3, Sched. 1(6).

③ *Practice Direction* 1994, supra note 321, Annex 2, p. 2.

④ *Oceanica Castelana Armadora S. A. v. Mineralimportexport Alaka Navigation Inc.* (The Theotakos), [1983] 2 Lloyd's Rep. 204, 204;see also Tetley, M. L. C., supra note 1, at 993–94.

⑤ Tetley, M. L. C., supra note 1, p. 1002.

⑥ Tetley, M. L. C., supra note 1, p. 1004–1006.

⑦ SOR 98/106, in force April 25, 1998;*Standal Estate v. Swecan International Ltd.* [1990] 1 F. C. 115, 117.

足许可这种诉讼请求的最终判决。所以,和民法系的海事保全、古老的英国海事保全或现代美国的海事保全相比,在帮助申请人寻求判决前的担保方面马瑞瓦禁令是一种效果较低的机制。① 然而和那些传统的海事执行程序相比,马瑞瓦禁令也有优势。

与对物诉讼相比,马瑞瓦禁令的优点如下:对物诉讼只允许对辖区内的船只进行保全,在一些案件中可以是货物、运费、燃料仓或司法出售的收益。与此相反,马瑞瓦禁令可影响到被告位于管辖区内或辖区外的所有类型的财产;马瑞瓦禁令不只影响一艘船舶,然而根据《1952 年扣船公约》每次海事诉讼只可以扣押一艘船舶;马瑞瓦禁令将冻结的财产留在被告的手中,使审理诉讼成本最小化。而对物诉讼承担了扣押和司法羁押的巨大成本和费用;对物诉讼的申请者必须对扣押和羁押的费用提供担保。只要法官在就可获得马瑞瓦禁令,而对物诉讼只有当适当的法院部门办公时才可提起。在英国,马瑞瓦禁令申请人只需承诺提起诉讼和提交书面陈述;然而对物诉讼的原告必须实际上提起诉讼和提交书面陈述。受马瑞瓦禁令约束的财产经法院同意可用来偿还普通贸易债务来维持生意或个人生活,然而使用对物扣押的财产不符合海事法官所作出的财产羁押。②

根据加拿大《民事诉讼法典》第 752 条规定,高等法院有权颁布禁令,禁止当事人或其职员或代理人或其雇员不得做某事或停止做某事,或要求实施某特定行为或活动。

三、德国假处分措施

与英美法系国家的马瑞瓦禁令相对应,在大陆法系国家对当事人的行为进行限制的措施是假处分制度。假处分中的"假"字这一法律术语的中文名称来自日本法。假处分,又称初步禁令③,是指旨在阻止现状发生改变,或阻止重大损害的发生或者防止突然的暴力行为,或因其他理由,对于有争议的法律关系规定其暂时状态的一种中间裁定。根据德国民事诉讼法的规定,假处分分为关于争执标的物的假处分和规定暂时状态的假处分。前者的目的是为阻止现状发生改变,这种改变会使当事人某一权利无法实现或难以实现;后者是临时对付某种事实状态以避免重大损害的发生,或防止突然的暴力行为,或者因为其他理由而

---

① *Mercedes Benz A. G. v. Leiduck*,[1995]2 Lloyd's Rep. 417, 424(P. C.)。

② See id. pp. 1018–1020.

③ Axel Bosch, op. cit, p. 277.

有必要对于有争执的法律关系规定其暂时状态。

四、其他大陆法系国家行为性海事保全措施

在荷兰,行为性海事保全措施主要规定在荷兰《民事诉讼法典》中,主要是初步救济令。初步救济令是法院依法命令债务人做或不做一定行为。规定在第289-297条中。这种命令在实践中意义重大,往往导致诉讼的终结。① 初步救济令是由法院在紧急情势时依职权单方面作出的,临时支付令为其主要表现形式,即命令债务人支付一笔款项的命令。

比利时的临时性措施目的在于阻止当事人实施某项行为,或者使当事人之间的法律关系处于稳定的状态,包括禁令和命令。在丹麦,初步禁令措施是主要的行为性保全措施。初步禁令禁止当事人从事与请求人权利相悖的特定行为的临时性救济措施,目的在于确保与申请人权利相冲突的现在或将来行为的发生。丹麦的这一措施包含有对被请求人未来与请求人权利相悖行为的预防,值得借鉴。希腊的情势临时处置令阻止侵害请求人权利实现的行为的发生,主要用以保护请求人的财产权利。西班牙的预防性说明请求令是一项很有特色的禁令措施,该措施意在将就某一财产已经存在的所有权请求的事实告知潜在的买主,以有效地剥夺第三人在随后的诉讼中作为善意购买者的地位。

第四节　英美法系主要国家证据性及人身性海事请求保全措施

一、证据性海事请求保全措施——安东·皮勒令

(一)英国

与创立马瑞瓦禁令几乎同时,英国上诉法院也批准了另一种禁令,即安东·皮勒令,该名称源于法院 1975 年在 Anton Piller KG 诉 Manufacturing Processes Ltd. 中的裁决。② 英国国会上议院在 Rank Film Distributors Ltd. 诉

① *Note on Provisional and Protective Measure in Private International Law and Comparative Law.*

② [1976] Ch. 55 (C. A.). The first reported decision granting such an order was the 1974 judgment of Templeman J. in E. M. I. Ltd. v. Pandit, [1975] 1 W. L. R. 302 (Ch.).

Video Information Centre 一案中①支持高等法院有权授予安东·皮勒命令,其理由是或作为法院固有的管辖权或根据其有签发禁令的权利,现在规定在 1981 年《最高法院条例》第 37(1) 条中。②

安东·皮勒令是一种单方禁令,其使用与实际或打算进行的法律诉讼有关,它命令被签发方同意:申请人进入被告处所,检查、调取和复制发现的禁令中规定的文件和其他财产。违者以蔑视法院论处。③ 这种法院命令被证明在保全和保存证据方面是一种很有价值的程序,特别是在知识产权诉讼中,尽管它被用于包括海事案件的所有类型的诉讼中。

在英国,安东·皮勒令的申请人必须提交下列证据:①有支持签发禁令的"强有力的证据确凿的表面证据案件";②若不签发禁令将给其本人造成实际或可能的严重损失;③被告拥有可定罪的文件或事物;④在申请前该证据有被灭失的可能性。④ 对便利的权衡也必须支持命令的签发。该程序要求在审理前或审理后提出动议。该动议应有书面陈述支撑,在书面陈述中申请人必须对所有相关事实和他所寻求的特别条款作"全面和坦诚"的披露。⑤

安东·皮勒令引起了人们对被告的民事权利的关注,特别是对其不自证其罪权利的关注。为防止该禁令潜在被滥用,在英国建立了烦琐的程序保障措施,这些保障措施和马瑞瓦禁令一并规定在英国 1994 年 7 月 28 日的《实施指南》中。

与安东·皮勒令有关的程序性控制措施中,重点有以下几项:①申请该命令不再由法官在内厅中听讼;②该命令由"监督律师"送达,该律师独立于代理申请人的律师所,他必须用"日常语言"向被告公正地解释该命令,告知被告有权寻求法律咨询和申请变更或撤销命令,命令一旦被执行应立即书面告知原告律师;③被告可坚持任何能从读到或看到控告事实获得商业利益的人离场;④上午 9:30 前或下午 5:30 后以及周六、周日全天,被告可拒绝对控告事实的进入和研究;⑤只有被告或他的一个有责任心的雇员在场时才可对控告的事实进行研究;⑥从控告事实中调取的事物须在调取前列出清单,并将清单的副本交给被告;⑦被告可寻求将命令变更或撤销。⑥

---

① [1981] 2 W.L.R. 668, 672–73 (H.L.).

② *The Supreme Court Act*, 1981, ch.54, § 37(1) (Eng.).

③ Martin Dockray, *Anton Piller Orders* 2; Tetley, M.L.C., supra note 1, p. 1022–1025.

④ *Anton Piller KG V. Manufacturing Processes Ltd.*, [1976] Ch. 55, 62 (C.A.).

⑤ Dockray, supra note 370, p. 26–32.

⑥ *Universal Thermosensors Ltd. v. Hibben*, [1992] 1 W.L.R. 840, 859–60 (Ch.).

申请安东·皮勒令的原告须做出如下承诺：①对受到损害的被告赔偿因命令或执行命令引起的损失；②签发令状且送达被告（如还没这么做）；③把书面陈述和动议/传唤通知送达被告，监督律师关于命令执行的报告的副本也应送达被告；④不使用因执行命令而获得的任何信息或文件，除非是为了相关的法律诉讼；⑤直到归还期后不得把诉讼告知其他任何人。① 为原告的辩护律师设立了额外的程序性义务，特别是关于调取证物的归还。②

撤销安东·皮勒令的主要理由有：①申请人不守信用或获得命令而没披露材料；②无根据地签发或不当执行命令；③有连累被签发方的风险。③

（二）加拿大

早在 20 世纪 80 年代，加拿大司法界就采用了安东·皮勒令。此命令在海事领域也同样适用。现在加拿大省和类似省的高等法院以及联邦法院，它已是司法程序整体的一部分。它同样也逃过加拿大司法评论界的注意。④

由于加拿大最高法院在 Canadian Broadcasting Corp. 诉 Dagenais 一案中的裁决⑤，如今对任意性的法院命令须根据《加拿大权利和自由宪章》进行司法审查⑥。相应地，在 1996 年的 Fila Canada Inc. 诉 Doe 一案中，Reed 法官认为安东·皮勒令应受宪章第 8 部分制约，禁止不合理的研究和查封，⑦她认为，在使用该种命令时，联邦法院采取这些措施符合加拿大人的民事利益。⑧

遵循英国的先例，加拿大法官在授予安东·皮勒令时表现得十分谨慎。例如在 Profekta International Inc. 诉 Aun Law Mai 一案中，法官们认为只有在"最罕见的情形下"才应当授予安东·皮勒令。因为这一命令授予了动议方一种研究和查封的权利，而该权利违背了私有财产不受侵害的原则。⑨ 像英国一样，要获取该命令动议方须向加拿大法院表明：①这是一个极其强有力的表面证据确凿的案件；②潜在的非常严重的损害；③清晰的证据显示对方拥有可定罪的文件或

---

① *Practice Direction* 1994, supra note 321, Annex 1, Sched. 3.

② See id. Annex 1, Sched. 4.

③ Dockray, supra note 370, pp. 69-74 (citing decisions).

④ Tetley, M. L. C., supra note 1, at 1024, n. 448.

⑤ [1994] 3 S. C. R. 835, 836-37.

⑥ Part I of the *Constitution Act*, 1982, is Schedule B to the *Canada Act*, 1982, ch. 11 (Eng.).

⑦ [1996] 3 F. C. 493, 494.

⑧ See id. pp. 499-500.

⑨ [1997] 1 F. C. 223, 227-28.

事物,以及在申请前该材料有被对方毁掉的真实可能性。诉讼开始后,必须使法院相信对方不在场的情况下继续进行是合适的。① 关键证据在被肆无忌惮的被告毁掉或偷走之前,安东·皮勒令能确保这些证据用于审判。

除安东·皮勒令外,预备性措施是比利时的临时性保全措施,旨在确保证据的搜集,包括搜查令,即准许申请人搜查被告的住所,提取或保存证据。证据的初步收集令是意大利为证据收集创设的禁令,申请人有合理理由相信其证言有助于纠纷解决的一个或数个证人可能消失时,可申请这种救济令。②

二、人身性海事请求保全措施

此处所论之海事人身保全措施是指海事法院根据海事请求人的申请,为保障其海事请求的实现,对被请求人的人身所采取的强制措施。主要包括德国的对人假扣押和美国的身体扣押令。

德国的假扣押措施可分为对财产的假扣押和对人的假扣押。对人的假扣押规定在德国《民事诉讼法典》第 918 条中,为了阻止债务人隐藏债权人可供执行的财产标的,除了采取限制人身自由措施外别无他法的,可以拘禁债务人,因为在实施人的假扣押时对债务人实施的是特殊苛刻的措施,所以只有当对物的假扣押不足以达到保全目的时,才能实施对人假扣押,即对对物假扣押而言,对人的假扣押是辅助性的。③ 而合理的扣押期限须视请求的数额而定。对人假扣押的目的在于防止被告隐匿财产,特别是将财产转移出境,而并非强迫其交出财产。对人假扣押措施中对外国被告和本国被告同样适用,不存在区别对待。因为根据 1954 年《海牙民事诉讼程序公约》第 26 条规定,作为确保判决执行之手段的对人扣押仅在适用于本国人相同的条件下适用于外国人。

美国法的海事临时性保全措施中存在身体扣留令措施,通过对被告进行实际扣押令其提供担保以终局判决履行之需。

➡ 本章小结

海事请求保全措施可分为海事财产保全、海事行为保全、海事证据保全和海事人身保全。通过对两大法系财产性海事请求保全措施的对比,英国、加拿大把

---

① Id. p. 228.

② Axel Bosch, op. cit. , p. 375-376.

③ [德]汉斯·约阿希姆·穆泽拉克:《德国民事诉讼法基础教程》,周翠译,中国政法大学出版社,2005 年版,第 428 页。

财产性海事请求保全当作一项法定对物权,而美国由于海事法的大陆法倾向没有法定对物权。在海事优先权的范围上,英国、加拿大和美国呈依次递增现象:从英国的船舶、备品,到加拿大扩充到为船舶提供的服务和新增的三项"准海事优先权",再到美国有利于船舶航运、管理、商务或目的的任何商品或服务的任何海事请求。在可扣押船舶范围上,英、加都会以确定"受益所有人"来"揭开公司面纱",而加拿大的受益所有权被认为仅与船舶本身相关,而不像在英国那样与其股份相关;在大陆法系的法国,对这一做法相对比较保守,只有在明显证据和恶意欺诈的指向下才会去"揭开公司面纱"。在对船舶的控制上,英国转管租约承租人可以控制船舶,加拿大转管租约承租人不能控制当事船,该项权利仅限于"受益所有人",而美国允许包括船东、承租人授权定期租船人、航次租船人、船舶代理人的相关人都可控制船舶。在扣押姊妹船的问题上,英国法律允许对由其受益所有的姊妹船施行扣押,而在加拿大,扣押只能对由"过错船"所有人受益所有的船舶执行;并且加拿大一项诉讼请求可以扣押一艘以上的船只,而英国和法国都规定只能扣押一艘。在船舶的释放问题上,几乎所有国家都会在被请求人提供担保后释放船舶,但在申请人提供反担保的问题上各国规定不一。英国、加拿大、美国一般情况下都不要求申请人提供反担保,除非申请人在其不可控制的管辖区域内或者有证据显示申请人有重大问题。在被请求人提供的担保数额上,英国、加拿大规定担保金额由法院裁定,但一般原则是足以支付申请人"合理争取的最大限额"以及利息和成本,但不超过被扣船舶的价值,而美国规定不能低于船舶的价值但不能高于请求数额的两倍。在担保的功能上几乎所有国家均认可:担保被视为是被扣物的替代,从而在绝大部分案件中预先排除了再扣押的可能。在错误扣船的认定上,英国、加拿大、法国均规定只有主观恶意和重大过失才构成申请人错误扣船,才责令申请人赔偿,而美国要求只要存在实际联系的过失,法院会毫不犹豫地对错误扣船授予获得赔偿的权利。在对扣押财产的私有权保护上,美国走在了时代的前列。根据美国宪法第5修正案的规定,禁止联邦法院非经正当程序剥夺任何人的生命、自由和财产。在海事财产扣押中,基于程序正当性原则,应该赋予作为被告的船主被事先通知和听其陈述的权利,并要求对执行优先抵押留置的或海事留置阶段的对物民事诉讼"实际通知"。法国对此也有原则性的规定,而英国和加拿大对此并无规定,从而导致对扣押财产的保护不力,因为它仅是从船舶所有权上予以规定:"可以在海商登记处的登记中载明阻止扣押的项。"虽然中止令并不能阻止扣押,但在扣押后的运作中,可以获得解除扣押令。

马瑞瓦禁令已成为英国和其他英联邦国家法律程序(包括海事法律程序)行为性海事请求保全措施固定的一部分。然而,人们可能会问:丹宁法官是否有更坚实的法律根据去恢复逐渐过时的保全而不是去创立一种有着自身规则的全新的禁令？假设丹宁法官恢复了海事保全,它将会给法官提供一种更加有用的判决前担保工具,会确认法院的管辖权并能够使英国实质性地在对任何海事诉讼查封方面更全面地遵循《1952年扣船公约》的规定。[①] 幸运的是,民法法系国家如法国从不曾放弃过海事保全,而美国在英国废除保全之后也保存了保全。它们在判决前海事程序的武器库中拥有最强有力的武器。马瑞瓦禁令是通过行为之外衣行调控各种实质内容(主要是财产)之事,而假处分是比较纯粹的行为保全措施。安东·皮勒令同样适用于海事领域。英国和加拿大的申请程序大致相当,基于程序的正当性原则,证据同样属于私人财产,所以申请人申请此措施的案件须是极其强有力的表面证据确凿的案件,另外,证据易逝的风险性也是法官作出此命令的依据。对人身的保全措施在特殊的情形下是非常必要的,如德国法规定一样,它也可以作为其他保全措施的辅助措施适用。

---

① See id. p. 996–997.

第四章

我国海事请求保全制度的构建

第一节　我国财产性海事请求保全措施中存在的问题及完善建议

在我国,《海诉法》司法解释第 18 条规定:"海事诉讼特别程序法第十二条规定的被请求人的财产包括船舶、船载货物、船用燃油以及船用物料。对其他财产的海事请求保全适用民事诉讼法有关财产保全的规定。"

一、海事请求保全措施的性质界定

我国理论界在论及保全的性质时观点不一。具体有"权益担保说""临时救济说""辅助程序说""强制措施说"等。理论上的混乱源于立法的粗疏,混乱的理论必然会导致实践上的无序与低效。笔者认为,我国理论界之所以有众多的分歧,在于各自论述的角度不同。"权益担保说"是从财产保全能否产生优先权或在多个债权人分配债务人财产时,应如何确定顺位的角度论述的;"临时救济说"仅仅是运用了与大陆法系惯用的"假扣押"不同的用以规定英美法系财产保全的术语;"辅助程序说"所看到的是财产保全的暂时性即只能扣押,不能施以拍卖、变卖,是为强制执行所进行的保障辅助程序;"强制措施说"可以从我国对财产保全所作的定义来看,后者都是将其界定为强制性的措施。实际上,无论哪种界定,只要把握住了保全的真正目的在于保障当事人私权的实现,都是合理的。

鉴于第二章对海事请求保全措施对象的分析,无论是财产保全、行为保全、证据保全和人身保全,都是法院依海事请求人申请或在一定条件下依职权而采取的强制措施,所以它的首要性质应该是强制性;四种保全措施保全的对象各异,程序设计上也会略有差别,但目的都是保障海事请求人的利益,是对海事请求人的临时性救济,所以也具备临时性救济这一性质。

根据对海事请求的界定及对其范围的分析和对海事请求保全措施对象的拓展,笔者认为,海事请求保全是指海事法院根据请求人就海事请求范围内的海事事项提出的申请,为保障其海事请求权利的实现,对被请求人的财产、行为、人身及与之相关的涉案证据采取的临时性强制性措施。

二、扣押船舶

(一)船舶扣押基本问题

海事请求保全中船舶的扣押和拍卖作为独立的一节编排在《海诉法》第三章中,但还有大量有关扣船、船舶拍卖的规定散布在海事请求保全的一般规则、海事担保、债权登记与受偿程序等其他章节中。同时,海事强制令与海事证据保全两种制度也可以作为船舶扣押的辅助程序适用。因此,船舶扣押可作为海事诉讼制度的一条主线。船舶扣押是财产性海事请求保全措施中最重要的措施,重要是因为其在海事诉讼实践中应用广泛,对于有效解决海事争议意义重大。同时扣船涉及的多方利益,复杂的法律关系也使这一问题的研究具有很强的现实意义。

1. 概念与性质界定

我国的船舶扣押制度是在民事财产保全制度的基础上发展而来的,主要法源是《1999年扣船公约》,并借鉴了英美法系"对物诉讼"的内容。船舶扣押有以下特点:有申请条件的限制;法院依职权而为的范围极其有限;由海事法院专门管辖;作为特殊物的船舶的价值往往与债权请求不相一致。基于此可以认定,船舶扣押属财产保全的特殊形式。现行《海诉法》在未对扣押船舶进行定义的情况下规定相关措施程序,笔者认为是不当的。

因此,笔者建议《海诉法》第21条前增加"扣押船舶"的定义。由于前文中笔者建议把专门可以申请扣船的海事请求定义为"扣船请求",所以据此以及《1999 年扣船公约》和我国《海诉法》的规定,可将扣押船舶表述为:海事法院根据扣船请求人的申请而实施的对船舶滞留或相关权利限制的强制性措施。

2. 可扣押船舶的范围

(1)当事船。引起海事请求的船即为当事船。当事船不一定被当场扣押,在扣船时效内的任何时间和任何地点都可能被申请扣押。扣押当事船要满足的条件与下列两个因素有关:海事请求的性质和船舶与责任人的关系。船舶扣押从船舶物权的角度可分为两类:一是为保全或行使物权性质的海事请求而实施的船舶扣押;二是为保全债权性质的海事请求而实施的船舶扣押。① 在《海诉法》第 21 条的第 19 至 21 项以及第 1 至 18 项中受船舶优先权担保的海事请求(如第 2、3、14、15 等项)均是与船舶物权相关的海事请求,可扣押当事船。这也与《海诉法》第 23 条第 3、4、5 项的规定相一致。并且此类海事请求不受申请扣押时和发生海事请求时船舶属于同一所有人的约束。除了物权性质的海事请求可以扣押当事船之外,还可考虑船舶与责任人之间的关系,即《海诉法》第 23 条第 1、2 项,扣押船舶时责任人与当事船舶之间存在所有权关系或是光船租赁的关系,在定期租船和航次租船的情况下不能扣押当事船舶。这里有一个疑问:定期租船不能被扣押是不是绝对的呢?

航次租船和定期租船的情况下不能扣押当事船的原因是承租人对所租船舶拥有的权利有限。在定期租船中,承租人对船舶只享有使用权,与船舶无实质性联系,所以,定期租船不能用于被扣押而偿还承租人的债务。但是在以定期租船进行运输时,无论是船东,还是承租人都可能成为实际承运人。在前文中提到的美国的船舶责任可以波及航次租船人、定期租船人或船舶代理人,而我国的规定与加拿大相似。笔者认为,在船东作为实际承运人的情况下是可以扣押期租的当事船的。所以在《海诉法》第 23 条的可扣当事船范围中应该明确这一点。

笔者建议《海诉法》第 23 条第 1 款第 2 项修改为:"(二)船舶的光船承租人对海事请求负有责任,并且在实施扣押时是该船的光船承租人或者所有人;船舶的期租承租人为船舶所有人,并且在实施扣押时是该船的所有人。"

(2)姊妹船。《海诉法》第 23 条第 2 款规定:"海事法院可以扣押对海事请求负有责任的船舶所有人、光船承租人、定期租船人或者航次租船人在实施扣押时所有的其他船舶……"这里的其他船舶就是指的姊妹船。也就是说姊妹船的扣押适用于对海事请求负有责任的船舶所有人、光船承租人、定期租船人或航次

---

① 李海:《船舶物权研究》,法律出版社,2002 年版,第 247 页。

租船人。笔者认为,除此之外,扣押姊妹船的情况不光是航次租船下或定期租船下,在集装箱运输中,因集装箱箱位租船合同下的海事请求也可以扣押姊妹船。最著名的是英国的"The Tychy"号被扣案①。大概案情如下:被告某远洋公司租用了原告地中海船公司若干单位的集装箱箱位。后来,由于被告不支付租金,原告对被告进行诉讼的过程中,向法院申请扣押被告所有的船舶 Tychy 号,即被告的姊妹船,法院应该如何认定集装箱租赁的性质,以前的国际公约和各国国内法对此都没有规定。最后法院判决可以扣押该被告的姊妹船。该案肯定了对新型的集装箱箱位租船人的姊妹船的扣押,使得英国在姊妹船扣押问题上有了新发展,表明了英国法院已经认识到扣押法律应当充分灵活地适应租船实务发展的必要性。法官认定箱位租船人即"在某一特定航程中,有权使用船舶载货量的船舱的某一特定部分(不是全部),且通常签发自己的提单的一方"②。法院认为,箱位租船人的姊妹船也是船舶扣押的范围。2008 年 12 月,联合国通过了《联合国全程或部分国际海上货物运输合同公约》(《鹿特丹规则》),该公约第 14 条规定:"承运人必须在开航前、开航当时和海上航程中恪尽职守使……和由承运人提供的载货集装箱适于且能安全接收、运输和保管货物……"由此可见,集装箱已经成为船舶的一个组成部分,由船载集装箱引起的海事请求应等同于船舶。

我国《海诉法》对姊妹船的扣押范围作了封闭式的规定,在新的运输形式出现并已广泛应用的情况下,对于集装箱箱位租船合同的租船人也应并入可扣押姊妹船的范围内,可以通过修改《海诉法》增加对此的规定。

因此,笔者建议《海诉法》第 23 条第 2 款应改为:"海事法院可以扣押对海事请求负有责任的船舶所有人、光船承租人、定期租船人、航次租船人或者集装箱位承租人在实施扣押时所有的其他船舶,但与船舶所有权或者占有有关的请求除外。"

(3)关联船。关联船制度在南非最为著名,南非以"控制"因素来界定关联船致使我国国有企业的船舶常被冠以"关联船"在南非被扣。如 2000 年 3 月 24日中远航运的"安庆江"轮在南非德班被扣,2000 年 4 月 20 日中远散运的"泰华海"轮在德班被扣,2002 年 3 月 10 日广远的"乐从"轮在德班被扣等。这些船既不是当事船,也不是当事船的姊妹船,而是依南非海事法认定的关联船。由于中

① *The Cychy Case Lloyd's Reports*, 1996, Vol. 2, p. 11.

② Patrick Griggs, Richard Williams. *Limitation of Liability for Maritime Claims* [M]. HC., 1998(3), p. 62.

国的国有企业性质,使这些毫不相干的船舶被冠以"均由中国政府控制"或"国有资产控制"而被扣押。《海商法》第8条规定:"国家所有的船舶由国家授予具有法人资格的全民所有制企业经营管理的,本法有关船舶所有人的规定适用于该法人。"这也就表示被授予经营权的国有公司应被视为船舶所有人,南非如此做法不符合中国法律。

A. 实例分析

第一例:恒裕轮和 Bechet 轮发生的"联系"。Bechet 轮在租约纠纷发生时,A公司是船东公司,被南非法律视为"实际控制该轮"。根据 G 公司提供的资料显示,A 公司的股份构成如下:山西 D 公司控股51%;职工拥有股份39%;山西 M公司拥有股份10%。山西 D 公司股份中的81%为山西省政府部门所有,而山西省 M 公司为国有企业。由上述股份构成可见,A 公司资产中国家股份的占有份额为:51%×81%+10%=51.31%。由此,G 公司认定在 A 公司中,国有资产占控制地位,该公司的实际控制人为中国政府。对于恒裕轮的资产构成,G 公司认为:恒裕轮为其船东 A 公司全资所有,在 A 公司的股份中,国家股份的占有份额为51.31%。因此,G 公司结论性意见为:中国政府"实际控制"恒裕轮。如此一来,G 公司利用"国家控制"因素主观人为地建立了恒裕轮和 Bechet 轮之间的"联系",使得恒裕轮作为 Bechet 轮的"关联船"而被扣。

第二例:A 轮与 Kamlash 轮发生的"联系"。中国石油天然气集团公司与中国化工进出口集团公司合资设立的 L 石油公司租用了印度 ESSAR SHIPPING LIMITED 的 MV KAMLESH,因运油品质量问题发生纠纷,在伦敦仲裁。2000 年4月,印度 ESSAR SHIPPING LIMITED 在南非申请扣押了广州远洋运输公司下属的 MV AN QING JIANG,由 A 轮的船东公司 H 提供了担保才放船。

B. 以"国家控制"为由扣押关联船的影响

我国国有船舶因"国家控制"因素作为南非的"关联船"被扣押并非罕见,南非作为判例法国家,此种判例的出现并在其他国家作为新的"判例"而影响广泛,使我国航运业的发展遭受重创。

南非将我国与涉案船舶本无任何"关联"的船舶作为关联船扣押,其依据就是将"国家控制"作为成立关联船"连接点"的法定条件,认定扣押船舶与涉案船舶属同一法人,即国家。国有企业的任何一处资产发生纠纷,在"揭开公司面纱"后,其他的国有资产都可以作为被扣押的对象,因为这些资产同被国家"控制"。由上述《海商法》第8条规定看,此做法不符合我国国内法的规定。

南非此做法既会加重国有和国家控股的船公司的负担,使我国的船公司在国际市场的竞争中处于不利地位,又使真正应该承担责任的船公司逃避应有的法律责任。

C.应对措施

要解决我国国有企业船舶因"控制"因素而被冠以"关联船"被扣押的问题，笔者认为有以下措施：

(1)在判断是否为"关联船"的法律适用上，作为船舶扣押适用实施扣押法院地法律的例外，南非已经有案例表明船舶扣押依公司登记地法律。[①]这样一来，对在中国登记的船舶"控制"问题适用中国法律，可以找到南非认定的"关联船"根据我国法律规定不具"关联性"的证据。

(2)在签订涉及船舶运输合同时，中国企业要在合同中约定管辖权条款，排除南非法院扣船管辖，绕开南非法院，防止扣船申请方故意在南非申请扣船。

(3)适用不方便法院原则提出抗辩。南非1992年《海事管辖规则法》第7条第1款(a)规定："南非法院可以在任何已经提起的或将要提起的诉讼中拒绝行使其海事管辖权，如果它认为南非共和国的任何其他法院或其他地方的任何法院或任何仲裁员、法庭、机构会对该诉讼行使管辖权，并且该诉讼由该其他法院或仲裁员、法庭或机构审理更为适当。"我国船公司如根据这一原则进行扣船抗辩，南非法院就有可能拒绝管辖。

(4)积极举证。如果在南非法院应诉，要积极举证。在我国国有企业船舶被扣押的案件中，南非法院凭"国家控制"从而认定"关联性"是不妥的。其中除了申请扣船人的利益因素外，南非法院的误解也是一个因素。所以，中国船运企业出庭积极解释中国的国有企业运作方式和中国的经济发展模式是很重要的。这一点，我国和南非情况不同。南非的国有企业由国家最高权力机构控制，由内阁决定后经过部委指派，成立公司董事会。所以，在南非，国有企业之间的"关联性"确实存在；而中国的国有企业是自负盈亏、独立运作和核算的独立法人。

(5)国有资产的归属应清晰化。我国国有资产的归属应在立法上更加法制化、清晰化，在扣船诉讼中就能尽量避免被"关联"化。

3.再次扣船

船舶能否再次被扣，有两种不同的观点。海运大国出于保护航运业发展的理由，大都不主张船舶多次被扣，根据前章分析，英美法系多数国家视首次扣船中被请求人提供的担保为被扣物的替代，从而在绝大部分案件中，预先排除了再扣押的可能。《1952年扣船公约》对重复扣押持反对意见。基于对海事请求人的保护，《1999年扣船公约》对这一问题进行了软化处理，在原则上否定再次扣

---

① The Heavy Metal, Belfry Marine Ltd. V. Plam Base Maritime Sdn bhd1999(3) SALR1083(SCA).转引自张丽英：《船舶扣押及相关法律问题研究》，法律出版社，2009年版，第80页。

船,但是做出了一些例外规定,这被我国《海诉法》第 24 条吸收。该条规定:"海事请求人不得因同一海事请求申请扣押已被扣押过的船舶,但有下列情形之一的除外:(一)被请求人未提供充分的担保;(二)担保人有可能不能全部或者部分履行担保义务;(三)海事请求人因合理的原因同意释放被扣押的船舶或者返还已提供的担保;或者不能通过合理措施阻止释放被扣押的船舶或者返还已提供的担保。"

《海诉法》第 76 条规定:"海事请求人要求被请求人就海事请求保全提供担保的数额,应当与其债权数额相当,但不得超过被保全的财产价值。"以物为限对担保数额的限制是英美法系对物诉讼精神的体现。因为是对物诉讼,把船舶模拟作人,所以担保止于船价是应有之意。但是债权数额跟船舶的价值是没有关系的,当船舶无法满足债权需要时,可以启动对人诉讼作为补充。鉴于船舶价值巨大,债权一般难以企及,但是我国不执行对物诉讼,我国扣船的目的中没有必须确立管辖权这一几乎带有强制性的一项,所以,在我国扣船是为了逼迫船东出面提供担保,理论上不必有担保止于船价这一规定。再从现实角度看这一问题,如果担保的数额大于船价,船东会选择弃船,从而失去了担保的意义。多重角度考虑,《海诉法》第 76 条的规定是合理的。

被请求人未提供充分担保可理解为两种情况:未提供担保和担保不足。《海诉法》规定,船舶扣押 30 日内未提供担保,申请人也未提起诉讼或仲裁的,法院要对船舶解除保全。此种情况下,申请人的权利没有得到实现,但并不意味着此权利的丧失,所以再次扣船应该是合理的。有学者认为:当担保不足时,《海诉法》第 24 条吸收了《1999 年扣船公约》有关扣船时可以请求的担保以船舶价值为限,却没有将该条规定的但书内容吸收。公约规定,获得的担保不充分时可以申请再次扣船,但是担保的累积金额不得超过船舶的价值。《海诉法》未吸收但书部分使得与该法第 76 条的规定不配套,容易引起争议。①也有学者认为:第 76 条不得超过被保全财产的价值不应理解为一次扣押不超过保全财产的价值,而应当理解为是对同一请求同一申请人要求的保全不应超过财产的价值。这样一次扣船要求的担保不足时,就涉及再次扣船的问题,就有担保的累积金额不超过船舶价值的情况。

笔者认为,英美法系出于对物诉讼传统认为担保应以船价为限,只要是同一艘船,不管扣押几次,担保的总额都不能超过船价,《1999 年扣船公约》此条但书部分显然采英美法系国家做法。而在我国,《海诉法》第 76 条规定的担保限于

---

① 关正义:《扣押船舶法律制度研究》,法律出版社,2007 年版,第 85 页。

船价可以看作是出于现实的考虑:再次扣船时,在债权数额小于两次担保的情况下,担保的累计金额显然不会超过船价,但是当债权数额超过船价而导致一次扣船没能全部满足时再次扣船,应仍然可以允许请求人提出债权数额与一次担保差额的担保数额,即使两次或数次担保累计超过船价。所以,笔者建议《海诉法》第24条的"被请求人未提供充分的担保"可再次扣船的规定应该保留,不必增加《1999年扣船公约》此条的但书部分,而《海诉法》第76条的规定作为担保的原则性规定也没有问题,毕竟重复扣船是作为扣船例外出现,但后面可增加"第24条第1款规定除外"。《海诉法》第24条未对能否针对同一海事请求扣押已被扣船舶的姊妹船作出规定。笔者认为,对姊妹船的再次扣押不存在例外之处,应归于其中。

因此,笔者建议,《海诉法》第24条应修改为:"海事请求人不得因同一海事请求申请扣押已被扣押过的船舶或该船舶的'姊妹船'……"第76条前面部分应修改为:"海事请求人要求被请求人就海事请求保全提供担保的数额,应当与其债权数额相当,不得超过被保全的财产价值,但因被请求人未提供充分担保而引起的再次扣押的情况除外。"

4. 错误扣船

《海诉法》第20条规定:"海事请求人申请海事请求保全错误的,应当赔偿被请求人或者利害关系人因此所遭受的损失。"但没有规定错误类型。《1999年扣船公约》在第6条对被扣押船舶所有人和光船承租人的保护中规定:"扣押是错误或不公正的;或要求和提供的担保过多……"构成错误扣船。首先,哪些情况的发生构成错误扣船,即错误扣船类型的确定,对接下来的讨论就是必要的。

1)错误扣船的类型

A. 主体错误

(1)申请人不具有海事请求。接到申请人的扣船申请时,由于法院只进行形式审查,申请人是否具有海事请求还无法定论。如被申请人对申请人的主体资格存在疑问,可经过被申请人的复议程序及相关第三人的异议程序使申请人是否具有海事请求这一主体要件清晰明了。经上述程序法院认定申请人不具有海事请求的,应认定扣船为错误扣船。

(2)被申请人认定错误。被申请人认定错误是指海事请求人申请扣押船舶的责任人出现认定错误,该认定之责任人对此扣船请求没有责任。实践中,这种情况经常出现在被扣船舶所有人更换时,如扣押船舶时船舶的所有人已经不是发生海事纠纷时船舶的所有人,在扣押责任船舶的"姊妹船"时就会发生此种错误。

(3)管辖法院错误。《海诉法》第13条规定:"当事人在起诉前申请海事请求保全,应当向被保全的财产所在地海事法院提出。"如果海事请求人在非船舶所在地的海事法院提出扣船申请而该法院受理管辖,那么该扣船行为为错误扣船。普通法院是否能够管辖非扣船请求的船舶扣押问题争议很大。由于涉及部门利益及地方利益,普通法院竞相扣船。鉴于海事案件的特殊性,普通法院很难恰当处理船舶扣押案件,从而造成被扣船舶损失扩大。笔者认为,前述第二章对海事请求及扣船请求的范围界定,尽量涵盖了所有的海事诉因,此即是从立法上排除普通法院对船舶扣押的管辖权,而如此才能从根本上解决问题。《海诉法》司法解释第 15 条规定:"除海事法院及其上级人民法院外,地方人民法院对当事人提出的船舶保全申请应不予受理;地方人民法院为执行生效法律文书需要扣押和拍卖船舶的,应当委托船籍港所在地或者船舶所在地的海事法院执行。"此条规定也在立法上排除了地方法院对因任何原因引起的船舶扣押的管辖权。

B. 扣押船舶错误

扣押船舶错误是指扣押了与扣船请求无关的船舶。船舶责任人的复杂性,使得船舶会和所有人、光船承租人、定期租船人、航次租船人等发生关系,扣押船舶错误经常发生在扣押"姊妹船"时,因为"姊妹船"的认定比较复杂,对于只有申请人一方提供的"姊妹船"证据,法院的形式审查往往不能避免扣押"姊妹船"的错误。而在确定"姊妹船"的证据上,船舶所有权证书的记载是最重要的证据。

C. 要求担保过高

申请人扣押船舶的目的是获得担保,担保的数额理论上应该为债权数额。但是在实践中,申请人要求担保的数额一般会高于最终确定的债权数额。在债权数额确定之后,如申请人不将担保调整到债权数额而坚持过高担保从而给被申请人造成的一切损失应由申请人赔偿。《海诉法》司法解释第 24 条规定:"申请扣押船舶错误造成的损失,包括因船舶被扣押在停泊期间产生的各项维持费用与支出、船舶被扣押造成的船期损失和被申请人为使船舶解除扣押而提供担保所支出的费用。"笔者认为,因要求过高担保而给被请求人造成的损失应该包括:超过债权数额的额外担保部分产生的费用、船舶被不当拍卖给被请求人造成的损失、由于提供超过债权数额的额外担保部分的时间延误而造成的船舶本应释放而未得释放造成的船期损失及此延误期间船舶的给养费用、船舶被不当拍卖后被申请人因船舶丧失而直接造成的损失。

因此,笔者建议,在《海诉法》中第 76 条应修改为:"海事请求人要求被请求人就海事请求保全提供担保的数额,应当与其债权数额相当,不得超过被保全的财产价值,但因被请求人未提供充分担保而引起的再次扣押的情况除外。因请求人要求担保过高而造成的错误扣船,请求人应当赔偿被请求人及利害关系人因此而遭受的损失。该损失包括：超过债权数额的额外担保部分产生的费用、船舶被不当拍卖给被请求人造成的损失、由于提供超过债权数额的额外担保部分的时间延误而造成的船舶本应释放而未得释放造成的船期损失及此延误期间船舶的给养费用、船舶被不当拍卖后被申请人因船舶丧失而直接造成的损失。"

2）归责原则

在错误扣船的归责原则上，世界各国法律采取了不同的态度。英国法采取的是过错责任原则，船东要向原告索赔扣船损失，必须证明原告的"主观恶意"，且这种举证责任对原告来说极为苛刻：船东已事先同意给原告银行担保，但原告拒绝接受并仍坚持扣船并不足以证明原告的"恶意"。此原则通过英国枢密院司法委员会①的判例 The Evangelismos1858 12 D Ioo. p. c. 32 权威性规定确立，即唯有在以下两种错误的情况下申请扣船，扣船人才必须承担赔偿责任：恶意扣船和严重过失的扣船。

而在德国法中采无过错责任原则，只要船东能证明申请人不具有海事请求，或证明不存在将来的判决无法实现的危险，就可以认定申请人是错误扣船，即：错误扣船的成立不以申请人的主观过失为条件。我国法律对此并未作明确规定，从《海诉法》第 20 条来看，似乎不以申请扣船人主观过失为要件，只要扣船在客观上被证明是"错误"的，申请人就应当赔偿被请求人或利害关系人因此所遭受的损失。

作为一种严重的侵权行为，我国错误扣船采用哪种归责原则既能够平衡双方举证责任，体现公平，又能够兼顾我国海运实际，不作不合时宜的超前规定呢？笔者建议采用推定过错原则。与过错责任和无过错责任相比较，采推定过错②理由如下：

（1）推定过错在平衡双方风险的同时对举证责任的分配也较公平。过错责任以行为人有过错作为责任成立的要件，且由受害人对加害人有过错负举证责任。如在英国，错误扣船如采过错责任原则，就要求船东证明申请人有主观过错。直接考察申请人心理状态显然不可能，那么，申请人败诉能否作为推定其主观存在恶意的依据呢？不接受银行出具的担保能认定为"主观恶意"吗？诉讼结果由多种原因造成，除实体权利外，举证能力的难度、高低、法官自由裁量权的

___

① 枢密院司法委员会（Judicial Committee of the Privy Council）是英国其中一所最高法院，也是英国海外领地、皇家属地和部分独立英联邦国家的最高法院。

② 推定过错本质上仍是一种过错责任。与一般过错责任不同的是，在推定过错的情况下，法律推定行为人有过错，除非其能证明过错并不存在，否则必须承担责任。为了叙述方便这里将推定过错以外的一般的过错责任称为过错，下同。

运用都是影响判决的因素。以败诉为由判断其主观是否存在过错难免有失公平。对于银行提供的担保,申请人在综合考虑银行的信用等因素后,有接受与不接受的自由。而无过错责任则不以行为人有过错作为责任成立的要件,除非行为人能证明侵害是由受害人故意造成的或有法定免责事由,否则都应当承担赔偿责任。在错误扣船中,如果采用无过错责任原则,只要船东能证明错扣事实的存在、损害结果的发生,则不论错误扣船的原因,也不论申请人有无过失,申请人就应当承担赔偿责任。此原则对于我国作为航运大国而非航运强国的现状而言太过苛刻。

(2)推定过错原则正好可以平衡海事请求权人与船舶责任人的利益需要,对双方的举证责任做了公平的划分。推定过错在本质上仍是一种过错责任,只是在一般过错责任"谁主张,谁举证"的基础上,对举证责任进行了重新分配。在采取推定过错原则处理错误扣船情况时,船东首先必须证明其所受的损害与申请人的错误申请行为之间有因果关系,而申请人如不能证明自己没有过错,就推定其有过错,应承担赔偿责任。一方面,申请人承担责任仍以过错为要件,另一方面,由其自己承担举证责任证明不存在过错,以免予赔偿。这样,就避免了在过错责任和无过错责任原则下的两种弊端:在过错责任条件下,片面从外部表象判断申请人是否有过错,单方面加重船东举证责任;在无过错责任条件下,申请人申请扣船时承担巨大的责任风险。

关于错误扣船,《海诉法》未作规定,适用海事请求保全一般规定,即第 20 条的规定。笔者建议《海诉法》第 20 条应修改为:"对海事请求人申请海事请求保全错误的认定采用推定过错原则。海事请求人申请海事请求保全错误的,应当赔偿被请求人及利害关系人因此所遭受的损失。"

(二)船舶扣押程序

1. 申请

船舶扣押程序依申请人的申请而启动是《海诉法》的一大特色,突破了《民诉法》财产保全法院可依职权主动进行的程序特征。这在一定程度上反映了《海诉法》的立法理念,即更多地将部分诉讼法律关系中的责任和主动权置于当事人的控制之下,更多体现对当事人权利的尊重。[1]

如前述,废除要求申请人证明其拥有最终胜诉可能或至少强有力初步证据被称为英国程序司法改革的一大重要成就,可见英国在临时性海事禁令的申请时逐渐倾向于抛开与案件实质问题的考虑而着眼于请求人在审判后能否得到充

---

[1]　金正佳主编:《海事诉讼法论》,大连海事大学出版社,2001 年版,第 106 页。

分的赔偿,回到了海事请求保全的初衷。在判定是否准许中间禁令时应遵循以下几项规则:第一,是否存在一个严肃的争议,如果其申请根本站不住脚,法院不宜批准申请。第二,损失赔偿是否足够救济。如果不作出禁令,原告因此遭受的损失能否在胜诉后以金钱上的赔偿去足够补偿;如果禁令错误作出,被告的损失是否足够在原告的保证下赔偿。也就是说,如不颁布禁令措施,原告胜诉后,除了金钱上的损失可以被弥补外是否还存在金钱无法弥补的损失,比如名誉损失和无法详细计算的潜在损失。第三,平衡双方的公平。考虑过作出禁令与不作出禁令对双方当事人的利害得失后,比较作与不作谁的损失大,然后两害相权取其轻。毕竟各方损失无法用数字精确算出,要依赖于法官的素养去自由裁量了。第四,特殊因素。① 这大概是英美法立法时的方法论所致:任何规则都给予一定的弹性。

此四项规则基本能代表英美法系国家对海事临时措施决定实施与否的判断标准,有些国家会多出一项"必须提供担保",其实已包含在上述第二项中。

大陆法系中,德国假扣押的申请条件规定在《民事诉讼法典》的第 916-918条中,申请假扣押的前提是:假扣押措施所保全的请求权必须是金钱债权或可以转化为金钱债权的请求权。还有一个条件必须满足,即:判决的执行由于存在或即将发生的危险而有不能执行的风险或者判决需要在外国执行。即将发生的危险指被告出售、隐匿或转移财产,判决在外国执行包括外国被告在德国仅有有限的财产和德国被告在外国有大量财产。②

法国的财产扣押申请条件有:第一,扣押申请人的申请资格。任何债权没有争议但有必要采取谨慎态度确保其债权得到保护的任何人都具备申请资格。第二,存在针对债务人的至少表面有依据的任何类型的金钱请求。"债权有表面依据"这要有基层法官确认。第三,状态紧急。申请人要证明债权的实现正面临着严重威胁。③

《海诉法》中除了原则性地规定了申请人要具备海事请求和提供担保外并无其他详细规定。有学者认为海事请求保全的申请要具备以下几个条件:第一,存在海事请求,即《海诉法》第 21 条中规定的海事请求;第二,被申请人对海事请求负有责任;第三,存在采取海事请求保全措施的必要,即不采取措施将会使判决难以执行或不能执行,或情况紧急,不采取措施将使申请人遭受难以弥补的

---

① 参见杨良宜、杨大明:《禁令》,中国政法大学出版社,2000 年版,第 248-262 页。

② OLG Klarlsruhe OLGZ 73,p. 60. See Axel Bosch,op. cit.,p. 284.

③ 参见让·文森,雅克·普雷沃:《法国民事执行程序法要义》,罗结珍译,中国法制出版社,2002 年版,第 224-231 页。

损失;第四,措施所针对的对象是船舶或船载货物或者船用物料。①第五,海事法院责令申请人提供担保时,应该提供担保。②

上述原则中前三项是《民事诉讼法》第103—104条规定的财产保全的条件,除第四项是海事请求保全措施的具体保全对象外,似乎对海事财产特别之处体现不够。对此,笔者认为海事请求保全的申请还应具备以下条件:

(1)申请人的披露义务。在船舶扣押中,各国对申请人的申请条件要求不一,但有一个重要要求笔者认为是不容忽视的,即申请人的披露义务。申请人的披露义务即要求申请人向法院申请扣押船舶时应该充分披露与船舶扣押相关的一切重大事实。这被称作船舶扣押的"黄金法则"。③ 新加坡上诉法院审理的The "Vasiliy Golovnin"[2008]SGCA 39一案进一步确认了"申请人披露义务"原则。该案中,船方按照提单要求将所有货物在洛美卸下而未交付给申请人,申请人因此在洛美申请扣押The Chelyabinsk轮,但当地法院对争议进行审理后认为船方按照提单履行义务并不构成违约,申请人并无合理理由申请扣船,在船东提供足够的担保后,船舶被释放。申请人随后在新加坡就相同事由申请扣押该轮的姊妹船,且在申请时并未提及在洛美的诉讼及扣船经过。新加坡初审法院和高等法院均裁定扣船申请不当,但认为申请人尚无须承担错误扣船责任,而在上诉法院,法官认为申请人已构成"重大过失",应当对船方承担赔偿责任,理由主要有以下几点:①船方在洛美卸货的行为是正当合法的,并不构成违约,申请人以此来要求扣船的请求没有合理的理由。②之前洛美法院在对扣船一事的审理与新加坡法院考量是否准予在新加坡扣船具有十分相关的联系,申请人应当事先予以披露。另外,在其他一些与法院决定是否扣船有关的重要事实,申请人也未进行披露。③洛美法院已经就是否可以扣船作出了判决,申请人应当受其约束,而不能反悔。④申请人在理由明显不能成立的情况下申请扣船,至少构成了"重大过失",其不顾洛美法院已作出生效裁判的事实在新加坡再次申请扣船,且未能对相关信息进行披露,应当承担错误扣船的赔偿责任。

上述案例中由于申请人第二次申请扣船时未就第一次扣船的相关重大信息进行披露,所以被判错误扣船。未对扣船信息进行充分的信息披露难免有"恶意"扣船之嫌。

---

① 参见邢海宝:《海事诉讼特别程序法研究》,法律出版社,2002年版,第151–176页,第280–281页。

② 贺万忠:《国际海事诉讼法》,世界知识出版社,2009年版,第284页。

③ M. S. Dockray, *Disclosure and Arrest of Ships*, *Law Quarterly Review* 1994 *Case Comment*, 110(JUL), p.383.

(2)反担保是否需要。对于申请人的反担保问题不同国家的规定大相径庭。如前所述,英美法系国家对反担保整体上持反对态度,虽然法律上对申请人有反担保的规定,但法院一般不要提供。加拿大也只是在几项例外的情况下才要求提供。而北欧国家如挪威法律规定必须提供反担保。还有取两者之折中的,如《1999 年扣船公约》规定"法院可以要求申请人提供担保",《海诉法》吸收了公约的做法。在实践中,法院一般会要求申请人提供担保,但是在特殊情况下,"如船员因工资拖欠,外国籍船舶与中国渔船相撞造成的损失,船舶造成海上养殖户的损失时"①,被申请人很显然地在诉讼地位上处于弱势,法院可以允许申请人不必提供反担保。但是"查阅了海事法院约三十件船舶扣押的案件,还没有发现一件申请人不提供反担保的。即使是在员工工资的请求案中,申请人也提供了反担保"②。由此可见在实践中,我国海事法院还是要求申请人提供反担保的。

反担保在性质上不同于一般的债权担保,其目的是防止申请人滥诉和对被申请人权利的保护。由于扣船是在未经实体审理及双方对抗的情况下作出的,其"单方参与性"显而易见。美国基于"正当程序"原则对扣船提出了质疑,并一改过去不要求申请人提供担保的做法而将反担保作为"衡平法上的救济"要求申请人提供。③

反担保的提供有其合理性和必要性是肯定的,但是如果在被请求人无力提供的情况下如何处理呢?或是如何判断被请求人"无力提供"的真实性呢?这恐怕要依靠法官的专业判断了。虽然扣船措施并非法院主动干预,《海诉法》在立法理念上也弱化法院职权,增强当事人诉讼参与的主动性,但是在反担保问题上,对处于经济弱势的请求人提供救济确是法官应有的担当。此时可借鉴英国法院在颁布中间禁令时考量的"平衡双方的公平"。法官在请求人提交过初步证据后虽未经实体审判,但是对案件的是非曲直应该有了大致的判断,如杨良宜先生所言,现实中,诉讼到底的要在开庭并有判决或裁决的情况并不多,这也是扣船措施的诉讼策略之功能。如请求人确属无经济能力之债权人,且经法院判断其"扣船有理",可免除其反担保之负担,这也体现了对请求人的公平。否则,依无反担保而剥夺请求人的诉前保全权和《海诉法》立法的初衷就背道而驰了。

结合上述分析,笔者认为在财产性海事请求保全措施的申请中对海事请求

---

① 张丽英:《船舶扣押及相关法律问题研究》,法律出版社,2009 年版, 第 106 页。
② 张丽英:《船舶扣押及相关法律问题研究》,法律出版社,2009 年版, 第 106 页。
③ 张丽英:《船舶扣押及相关法律问题研究》,法律出版社,2009 年版, 第 108 页。

人应该有三方面的要求：一是资格确认，二是证据展示，三是担保充分。

资格确认即海事请求人要有符合法律要求的扣船请求，是适格的扣船请求人。证据展示包括被申请人对海事请求负有责任的证据、申请扣押的船舶属于可扣船舶的范围的证据、与扣船有关的信息披露以及具体案件的具体证据。提供证据不同于实体案件审理中的举证，请求人只需提供初步证据。担保充分指一般情况下要求请求人提供反担保，特殊情况下依法院判定。

笔者建议将《海诉法》中第 15 条前面部分修改为："海事请求人申请海事请求保全，应当向海事法院提交书面申请、提交证据和提供反担保。"书面申请包括海事请求事项、申请理由、保全标的，财产保全的还要说明要求提供担保的数额。提交的证据包括被申请人对海事请求负有责任的证据、与申请保全措施相关的信息披露。海事法院可要求海事请求人提供反担保，但在情况紧急、被请求人明显处于不利地位时可对被请求人免于反担保。

2. 审查

（1）审查的内容。法院在收到请求人的申请后应立即进行审查，审查的内容依上述提到之请求人的主体资格、证据以及反担保情况。除此之外，法院还应审查请求是否属于管辖权范围。

（2）审查的必要性。有观点认为，只要申请人提供了证据和反担保，海事法院就没必要审查，即便是错误扣船，也有反担保可以赔偿，似乎整个扣船过程与法院关系并不密切。如果审查后结果依然错误，法院要承担审查不严和扣船错误的责任，请求人更会以此为由推卸责任。相反的观点认为，根据民事诉讼原理，当事人向法院提出的任何申请，法院在作出决定前都要审查，这是法院的职责。

笔者认为，在船舶扣押中，法院与海事请求人的关系应该处于一种"被动积极"的状态。被动体现在：请求人有权启动，法院是"不请不动"，相关证据也依靠请求人提供，请求人最终为自己的行为负责。积极之处在于：对于请求人的主体资格特别是证据要进行认真而专业的审查。"在申请阶段，证据是请求人单方提供，缺少被请求人的抗辩，如果一味强化当事人的举证，而法官极端地消极，则不利于当事人举证的实现，反而会形成当事人之间地位的'差势效应'。"①除表面审查之外，如前所述，笔者认为法官还应考虑此扣船措施对双方当事人的利害得失，本着对双方当事人都负责的态度，从专业和经验的角度给予一定的指导，不应仅考虑扣船措施此单一环节，而应综合考量案件全貌和司法资源的配

---

①　张丽英：《船舶扣押及相关法律问题研究》，法律出版社，2009 年版，第 92 页。

置,给予海事请求人扣或不扣的意见和指导。虽是被动而动,但应主动而为。如果法官能够做到此项要求,相信错误扣船会在客观上减少很多,减少的当然还有整体社会资源的浪费。此项要求对法官专业素养要求甚高,却是值得努力的方向。

《海诉法》中并未对海事法院是否应对海事请求人的申请条件进行审查作出规定。

笔者建议,应在《海诉法》第 15 条后增加一条对法院审查的规定:"海事法院收到海事请求保全申请后,应立即进行审查。"审查内容包括:海事法院是否拥有管辖权、对表面证据进行初步审核、此措施对双方当事人的利害得失在平衡双方的公平的基础上给予海事请求人意见和指导。

3. 程序保障——复议

民事保全措施的紧急性、密行性等特点同样适用于船舶扣押,而这些特点与正当程序原则即非经当事人充分陈述意见,其自由、财产不应被限制和剥夺明显不符。这种冲突的解决原则应当是:保全方式应当服从和服务于保全目的,但是保全方式的实现要以正当程序原则所要求的最低限度的程序保障为底线。① 英国法院在作出中间禁令之前,原则上应当给予被告申辩的机会,根据"一面之词"发布禁令被视为严重违背自然正义的不当行为。② 仅在某些情况紧急且符合下述法定要求的条件下,方可例外地允许凭"一面之词"发布禁令:①若给予被告申辩的机会,将对原告严重不公,如因被告在国外而无法送达而导致程序延误,或因不能向被告透露风声而导致财产被转移;②原告应提供誓词证据,并向法院提交足以赔偿被告可能因此遭受的损失的反担保;③如果被告的损失无法通过金钱充分赔偿,法院将权衡、比较禁令可能给当事人双方带来不公或不便的程度而予以取舍。在法院依"一面之词"作出禁令后,如果被告申请撤销,法院将优先受理;原告申请禁令时的任何不诚实行为,都可能导致禁令被撤销,甚至可能因此触犯藐视法庭罪;原告申请禁令时存在恶意的,还应当赔偿被告因此遭受的损失。③ 除此之外禁令的申请和作出需经过双方当事人的出庭争辩。在美国,在申请扣押财产等临时强制措施的条件下,申请人可以不经通知被告即申请法院作出财产扣押命令,也可以在通知后再行申请扣押。如果原告选择前者,其可提前获得一项临时禁令,禁止被告在法院对申请进行听审之前转移财产,但原

---

① 参见向明华:《海事法要论》,法律出版社,2009 年版,第 188-189 页。

② 杨良宜、杨大明:《禁令》,中国政法大学出版社,2000 年版, 第 18 页。

③ 杨良宜、杨大明:《禁令》,中国政法大学出版社,2000 年版,第 233-238 页。

告必须在此后的 5 日内,申请法院对扣押命令进行确认,并将此项申请通知被告,使被告及时获得听审的机会。法院将根据听审结果决定是否进一步发布初步禁令。如果原告的申请违背诚实信用原则的要求,法院将撤销临时禁令或拒绝发布初步禁令。[①] 这种"分段"的临时性保全措施既达到了保全目的,又保证了被告的权利不受损。

笔者认为,《海诉法》在第 17 条规定了被申请人可在裁定后申请复议和利害关系人提出异议等原则性的补救措施太过笼统,对于复议的程序和提出异议的程序未作规定。扣船法院应该对被请求人提供更加具体和充分的程序保障。首先,可借鉴美国"分段"禁令的做法,把没有经过争辩程序的密行扣船措施作为先期扣船措施,但是其时效不能像《海诉法》第 28 条规定的 30 日,而应为 10 日内或大概的时间,先期扣船措施实施后应尽快通知被请求人,如对裁定措施有任何异议,法院应组织听证,听证后根据双方的证据展示和争辩,法院就是否最终决定采取扣船措施作出扣船裁定或解除先期扣船裁定,但被请求人无法送达和拒绝出庭的除外。

对扣船裁定能否允许当事人上诉,有两种不同的观点。有学者认为,扣船裁定不能上诉的原因是该措施的紧急性,如允许上诉可能造成拖延而使扣船无法实现。[②] 也有学者认为,因为我国立法未将船舶扣押程序定位为一种相对独立的保全程序,所以不允许对扣船裁定提起上诉。基于国际通行的允许当事人上诉的做法和完善我国扣船程序的意义,应该有条件地赋予诉前扣船程序当事人的上诉权。[③] 笔者认为,扣船措施作为一项临时性保全措施,临时性、紧急性是其重要特点。无论怎样设立"紧急而非普通的"上诉程序,或是"上诉不导致保全措施的中止或延缓执行",都会因此使程序复杂化并造成临时性保全措施方便快捷的特点消失殆尽。再者,如果为扣船措施单独设立一审二审程序,会与《海诉法》实体问题程序发生立法层次上的交叠。至于上述观点担心的"复议"流于形式,可在复议程序上增设环节,如复议庭与原承办庭由不同人员组成,使先期裁定权与复议权相分离,或允许法院指定专家、证人参与复议等。不能因为对复议程序不信任不惜转用更复杂的程序,而不试图对这一程序进行一些有实际意义的修改或完善。

笔者建议,《海诉法》第 17 条和第 28 条应综合修改为:海事请求保全裁决

①　向明华:《海事法要论》,法律出版社,2009 年版,第 190 页。
②　张丽英:《船舶扣押及相关法律问题研究》,法律出版社,2009 年版,第 93 页。
③　向明华:《海事法要论》,法律出版社,2009 年版,第 191–193 页。

分为两个阶段:先期阶段和最终裁决。初步证据审核后没有经过争辩程序的保全裁决为先期保全裁决,应在收到申请后48小时内作出,时限为10日,先期保全措施实施后应尽其所能以最快速度通知被请求人,但被请求人无法送达的除外。如被请求人对先期裁定不服,可在收到先期裁决书5日内提起复议一次。法院应组织复议,后根据双方的证据展示和争辩,最终决定作出保全裁定或解除先期保全裁定,但被请求人无法送达和拒绝出庭的除外。复议庭与原承办庭应由不同人员组成,允许法院指定或被请求人建议法院批准专家、证人参与复议。利害关系人对海事请求保全提出异议的,与上述复议程序一并进行。

4.执行

海事法院裁定采取海事请求保全措施的,应当立即执行,但是《海诉法》对扣押船舶的具体执行措施和程序并无规定。较为现实的情况是,除"活扣押"外,其余船舶的扣押会产生大量费用,如港口费等,还可能出现在恶劣天气下由于被扣船舶无人看管而产生的损失。如果能借鉴本文第三章中提到的英国的"接管官任命令"或美国财产扣押措施中的"委任接管人"措施,将会产生"将扣押损失减到最低和对双方当事人和法院俱有利"的共赢局面。

当纠纷的存在妨碍了财产的商业利用,不论纠纷如何解决,对双方当事人都有损失。扣押船舶正是会产生上述不利后果的保全措施。根据我国海运实际和海事法院的司法资源等情况,笔者认为美国的"委任接管人"措施更符合我国海事财产扣押的实际。由法院指定与诉讼标的无利害关系的人或公司代为管理、照料、接受、处分船舶,就会在不影响正常扣船程序的前提下,使船舶得到更为稳妥的扣押,减少损失;而"委任管理人"也可以在得到法院授权和作出遵守"委任管理"规定的承诺下赚取利润。笔者认为,"委任管理人"对代为管理的船舶可以有多重管理方式:一是可以管理照料,二是可以在得到申请人同意和法院授权后继续运营船舶,三是在船舶由法院宣布拍卖时可以优先参与拍卖,或同等条件下享有优先购得船舶权。

因此,笔者建议,《海诉法》第27条即"活扣押"措施后应增设以下内容:如适用"活扣押"的条件不具备时,可由海事法院指定与诉讼标的无利害关系的法人代为管理、照料、接受、处分船舶,该法人被称作"委任管理人"。委任管理人需满足以下条件:①具备相关资质和条件,能够保证受委任财产在受委任期间不受额外损失;②与法院签订承诺协议,承诺作到依法规定的其他事项,具体规定由法院裁量;③承担无法做到①②项时的经济赔偿和其他相关责任。

5.释放

船舶的释放是扣船措施中的重要环节,对诉前扣船设置时限,可以迫使申请人尽快进入实体程序阶段,避免造成被请求人的损失扩大。在船舶的释放要件上,《海诉法》第 18 条规定的申请人未在规定时间内起诉或申请仲裁可作为释放船舶的要件之一。而第 28 条规定扣押船舶的期限为 30 日。这一规定是否适用于《海诉法》第 27 条的"活扣押"方式?

有学者认为"活扣"并非真正扣船,因此不适用。① 也有学者认为"活扣"也是船舶扣押,应该适用。② 笔者认为,不能简单地判定为能适用或不能适用。"活扣押"为船舶扣押的特殊方式,它既属船舶扣押,又为其特例。由于"活扣押"是通过限制其处分抵押权允许继续运营,就不存在因扣押或错误扣押而产生的损失,但"活扣押"毕竟限制了被请求人对船舶的某些法定权利而使其存在部分损失或潜在损失。所以"活扣押"的释放时限应该介于"死扣押"时限和"无时限"之间,如 40～60 天。这样既可以在对被请求人影响不大的前提下为准备诉讼或仲裁的请求人赢得更充分的时间,也保护了被请求人对船舶的处分抵押权。

笔者建议《海诉法》第 28 条应修改为:海事请求保全扣押船舶的期限为 30日,采用"活扣押"方式扣押船舶的期限应为 60 日。

5. 拍卖

船舶拍卖涉及复杂的利益关系,概括起来有两个层面:公权与其他利益主体的关系,拍卖所涉及债权人、债务人、拍卖人、竞买人主体间的私人利益关系。附着船舶优先权、抵押权、留置权等的船舶,在拍卖时其权利是否受影响,有承受主义和消灭主义两种立法政策。前者指拍卖物上的各种权利依然存在,不因拍卖而消失,后者指物上权利因拍卖而归于消灭,受买人买到的是一个不附着任何债权的船舶。我国立法采用后者。关于债权登记与债权分配,根据《最高人民法院关于海事法院拍卖被扣押船舶清偿债务的规定》,债权登记届满后,由海事法院主持召开债权人会议。全体债权人通过协商,根据清偿顺序提出分配方案,签订清偿协议,经海事法院裁定予以认可。协商不成的由海事法院裁定。拍卖船舶所得价款及其利息一并参与分配。

清偿顺序按照我国《海商法》的规定进行:船舶优先权,是指海事请求人依照《海商法》的规定,向船舶所有人、光船承租人、船舶经营人提出海事请求,对产生该海事请求的船舶具有优先受偿的权利。下列各项海事请求具有船舶优先权:①船长、船员和在船工作的其他人员根据劳动法律、行政法规或者劳动合同

① 张丽英:《船舶扣押及相关法律问题研究》,法律出版社,2009 年版, 第 103 页。此观点为张丽英教授书中介绍他人观点。

② 金正佳主编:《海事诉讼法论》,大连:大连海事大学出版社,2001 年版,第 146 页。

所产生的工资、其他劳动报酬、船员遣返费用和社会保险费用的给付请求;②在船舶营运中发生的人身伤亡的赔偿请求;③船舶吨税、引航费、港务费和其他港口规费的缴付请求;④海难救助的救助款项的给付请求;⑤船舶在营运中因侵权行为产生的财产赔偿请求。载运2000吨以上的散装货油的船舶,持有有效的证书,证明已经进行油污损害民事责任保险或者具有相应的财务保证的,对其造成的油污损害的赔偿请求,不属于前述第⑤项规定的范围。第⑤项之"侵权行为"在船舶拍卖后的受偿顺序中,是否包括所有的侵权行为?笔者认为这里的侵权行为是应该有限制的,这里采"船舶在营运中直接造成的财产损害"①。除此之外的侵权行为造成的损失,应有法官裁量是否先于留置权和抵押权受偿。上述所列各项请求,依照顺序受偿。但是,第④项海事请求,后于第①项至第③项发生的,应当先于第①项至第③项受偿。上述第①②③⑤项中有两项以上海事请求的,不分先后,同时受偿;不足受偿的,按照比例受偿。第④项中有两个以上海事请求的,后发生的先受偿。

因行使船舶优先权产生的诉讼费用,保存、拍卖船舶和分配船舶价款产生的费用,以及为海事请求人的共同利益而支付的其他费用,应当从船舶拍卖所得价款中先行拨付。

船舶优先权先于船舶留置权受偿,船舶抵押权后于船舶留置权受偿。船舶留置权,是指造船人、修船人在合同另一方未履行合同时,可以留置所占有的船舶,以保证造船费用或者所修船费用得以偿还的权利。船舶留置权在造船人、修船人不再占有所造或者所修的船舶时消灭。已登记的其他债权的受偿位于前述顺序之后。在按上列顺序清偿前,诉讼费用,为保存、拍卖船舶和分配船舶价款产生的费用,以及为海事请求人的共同利益支付的其他费用,应当从船舶拍卖所得价款中优先拨付。清偿债务后的余款,应归还原船舶所有人。

《海诉法》对于拍卖后的清偿顺序未作详细规定,仅在第43条规定:"执行程序中拍卖被扣押船舶清偿债务的,可以参照本节有关规定。"

笔者建议,《海诉法》第43条修改为:"拍卖船舶债权人清偿顺序为:船舶优先权、船舶留置权、船舶抵押权。对船舶优先权、船舶留置权及船舶抵押权的规定依《海商法》,其中《海商法》第22条第5项应限定为'船舶在营运中直接造成的财产损害'。"

三、扣押船载货物

扣押船载货物是海事财产保全措施的一种,在本质上与扣押船舶的目的是

---

① 李海:《船舶物权研究》,法律出版社,2002年版,第171页。

一致的,即迫使被请求人提供担保。比起扣押船舶,扣押船载货物在扣押物形态上与民事财产保更为类似,与留置权关系密切。但笔者讨论的重点依然是作为海事请求保全措施的扣押船载货物在保障海事请求人海事请求实现过程中出现的法律问题。

(一)扣押船载货物的必要性

提到扣押船载货物,不得不提留置权,海运货物留置权是民法中留置权的一种特殊形式,《中华人民共和国民法典》第 447 条规定:"债务人不履行到期债务,债权人可以留置已经合法占有的债务人的动产,并有权就该动产优先受偿。前款规定的债权人为留置权人,占有的动产为留置财产。"《海商法》第 87 条规定:"应当向承运人支付的运费、共同海损分摊、滞期费以及应当向承运人支付的其他费用没有付清,又没有提供适当担保的,承运人可以在合理期限内留置其货物。"

对货物行使留置权比起向海事法院申请扣押船载货物简单易行,但是在实际操作中,债权人会往往因为诸多原因在行使留置权时遇到不便。根据《海商法》的规定,行使船载货物留置权需要以下条件:一是行使船载货物留置权的原因是由于运费、共同海损分摊、滞期费和应当向承运人支付的其他费用没有付清;二是未提供适当担保;三是实际占有债务人的财产。针对上述条件,债权人对自己是否拥有对船载货物的留置权没有确切的把握,唯恐承担对留置不当造成损失的赔偿责任而错失留置或是对无权留置的货物错误留置。货物留置后,留置的地点也是需要考虑的因素,如留置在船上会耽误船期,如留置岸上则面临仓储和保管问题。向海事法院申请扣押船载货物虽无法完全避免上述行使留置权带来的问题,但通过海事法院的审查可以在一定程度上减少错误扣押,也可以减少留置货物的困难。依照拍卖船载货物程序还可避免因变卖货物产生的纠纷。

(二)船载货物的识别

船载货物的识别即什么是船载货物。《海诉法》司法解释第 19 条规定:"海事诉讼特别程序法规定的船载货物指处于承运人掌管之下,尚未装船或者已经装船以及已经卸载的货物。"根据该条,满足"船载货物"应有两个条件:一是承运人占有船载货物,二是货物所处的状态是尚未装船、已经装船和已经卸货。针对第一个条件,扣货请求权是否应以请求人实际占有货物为前提? 笔者同意金正佳的观点,即"扣货请求权不以占有为条件,只要申请人对被申请人具有海事请求,货物属于被申请人所有,便可以申请海事法院扣押货物"①。海事财产的扣押请求权应不以占有为前提,如强加占有之条件,和自行留置就没有区别意义了,这样扣押船载货物也和扣押船舶在扣押条件上保持了一致性。至于第二个条件,货物所处状态,应自债权人和债务人产生债权债务关系直至债权债务关系履行终止的所有期间。除《海诉法》司法解释第19条规定的三种货物状态外,是否还应该包括已经交付收货人的货物?笔者认为,第19条之所以没有规定已经交付的货物,还是基于"承运人占有货物"这一原则,已经交付的货物显然失去了占有,不能占有也就不能申请扣货。申请扣押船载货物和自行留置船载货物的一个重大差异就是扣押船载货物得到了法院的司法强制保障,对于已经交付的货物,只要申请人存在海事请求及扣货理由成立,应和"尚未装船、已经装船和已经卸货"的货物同等对待。

签于此,笔者建议《海诉法》司法解释第19条修改为:"海事诉讼特别程序法规定的船载货物是指与承运人的海事请求相关,尚未装船、已经装船、已经卸载和已经交付的货物。"

(三)对扣押船载货物条件的讨论

对于扣押船载货物的条件,《海诉法》只在第44条规定:"……申请扣押的船载货物,应当属于被请求人所有。"除此之外,理论界的认识比较趋于一致,均认为扣押船载货物还应具备其他三个条件:申请人具有海事请求;被申请人对海事请求负有责任;情况紧急。海事请求是对船载货物进行扣押以保护的对象,也是其前提。一般情况下,可能为承运人、出租人、船舶经营人和其他海事请求权人的申请人因运费、定期租船合同租金、滞期费、共同海损分摊、其他费用、救助款项等海事请求可以申请扣押船载货物。也就是说,扣货依据的海事请求通常是费用请求,而后者产生于特定的运输关系。所以申请人必须首先是这一特定法律关系的当事人,其必须有证据证明其有权向被申请人主张权利。与第一个条件相应,第二个条件意味着:①被申请人是上述特定法律关系的一方当事人;②被申请人应承担支付某项费用的义务。被申请人对申请人所负的责任应是现实的责任,即在申请扣押货物时,被申请人对申请人所负的债务已经到期,否则,便不能满足这一条件。情况紧急,不立即申请财产保全将会使其权益遭受难以弥补的损害,是申请财产保全的一般条件。对于《海诉法》第44条规定"被扣押货物属于被申请人所有"这一法定要件,笔者有不同的认识。

在申请扣押船载货物的所有权问题上,存在两种不同的观点:一种观点以

---

① 金正佳、翁子明:《海事请求保全专论》,大连海事大学出版社,1996年版,第176页。

《民法典》第 447 条的规定、《海商法》第 87 条和第 141 条的规定等为根据认为：申请人申请扣押的货物必须为对其负有责任的人所有；另一种观点根据的是《民事诉讼法》第 103 条第 1 款和最高人民法院《关于适用〈中华人民共和国民事诉讼法〉的解释》第 152 条的规定，认为只要是因货物运输产生的请求，就可以申请扣押该货物，无论该货物所有人是不是支付有关费用的义务人。

海上运输自身特点鲜明，提单的可转让性使运输过程中的货物所有权随时可以发生转移，承运人不可能全面掌握货物所有权情况，如果只能在确定货物所有权的情况下才能申请扣押，那么大多数情况下扣押船载货物就无法实现。

在英国 19 世纪时期海事程序中，被告方的任何财产均可以被扣押，在实际操作中，扣押执行范围已经扩展到被告所保有的第三方货物、作为被告债务方的货物甚至非实体权利。这被认为"对物扣押令"的起源。英国 1981 年《最高法院法》第 21 条第 2 款规定，通过对相关财产提起对物诉讼而强制执行的请求，对于此类请求，可直接对与所产生的请求有关的船舶或其他财产提起对物诉讼，不论在提起诉讼时谁享有这些"物"的所有权，也不论是谁在对人诉讼中对请求负有责任。①这一权利的最终受益性属于原告，除非启动对物诉讼，否则船东在许多场合将招致严重损失且无可使用的正当救济。澳大利亚 1988 年《海事法》第 16 条规定，有关船舶或其他财产的财产性海事请求的诉讼可以作为针对该船舶或财产的对物诉讼而提起。

笔者认为，抛开对物诉讼形式采用与否的争论，我们可以看到对物诉讼这一规定中对于船东利益在无其他救济时的保护，体现了实质正义。鉴于海上运输和特点和实际，不论船载"谁之货"，只要和被申请人有某种联系，即只要被申请人是此"货物"之占有人、控制人或受惠人，在申请人和被申请人建立合同关系或法定关系后，债权无法清偿时，都可以向海事法院申请扣押与被申请人"有关"的船载货物，而并非必须"所有"。如扣押了非被申请人所有的货物，而此货物属于与海事请求无关之第三人所有，此第三人可通过民事诉讼法的有关占有、租赁、买卖的规定获得赔偿。至于申请人和第三人的受偿顺序并不因扣押船载货物而改变。

综上，笔者建议《海诉法》第 44 条删除"申请扣押的船载货物，应当属于被请求人所有"的规定，修改为："海事请求人为保障其海事请求的实现，可以申请扣押船载货物。申请扣押船载货物应满足以下条件：申请人具有海事请求；被申请人对海事请求负有责任；情况紧急，不立即申请船载货物保全将会使申请人权

① 贺万忠：《国际海事诉讼法》，世界知识出版社，2009 年版，第 49 页。

益遭受难以弥补的损害或损害扩大。"

第二节　对我国其他类型的海事请求保全措施的建议

根据本书第二章的分析,笔者建议将海事请求保全措施的对象拓展到行为、证据和人身。行为性海事请求保全措施在《海诉法》中被称为海事强制令,证据措施在《海诉法》中被作为证据保全单列于海事请求保全之外,更无人身措施的规定。本节从构建海事请求保全体系的角度把除财产措施外的其他海事请求保全措施纳入海事请求保全措施的范围。在本节的讨论中,重点着眼于上述三种现行立法中没有涉及的海事请求保全措施与海事请求保全体系内在逻辑上的统一和程序上的一致性。

一、行为性海事请求保全措施

根据《海诉法》第51条的规定,行为性海事请求保全措施是指海事法院根据海事请求人的申请,为使其合法权益免受侵害,责令被请求人作为或者不作为的强制性措施。

我国行为保全措施不可能向英美法系国家那样设置禁令,但是可以借鉴禁令的某些可行之处。包括马瑞瓦禁令在内的很多禁令都不是单独执行,如马瑞瓦禁令和扣船令的结合,和安东·皮勒令的结合。多种禁令的综合运用不仅能够快捷有效地对被请求人的财产作出保全,而且在一定程度上可以起到定分止争的作用,使实质问题的诉讼或仲裁在诉前或仲裁前获得和解。

(一)行为保全与财产保全的竞合

行为性海事请求保全措施的实施有时可以以极小的成本解决较大的问题,而避免了财产扣押给双方当事人带来的损失。下举一例说明。F公司将其所有的J轮期租给S公司,租期一年。S公司未按合同规定支付租金,拖欠租金125万元。F公司向海事法院起诉,请求解除合同,要求S公司支付拖欠的租金、交还船舶。同时向海事法院申请扣押J轮。海事法院准许了F公司的申请,扣押了属于F公司的J轮。①法院应请求人请求扣船有合理依据,但是对财产的保全完全可被对行为的保全替代,即责令船东交付货物或者责令承租人交还船舶即可。

行为保全与财产保全同时适用的情况主要有以下两种:①被请求人的违法

---

① 金正佳、翁子明:《海事请求保全专论》,大连海事大学出版社,1996年版, 第232页。

或者违约行为已经对海事请求人的合法权益造成损害。这种情况下,虽然被请求人的违法或者违约行为已经得到海事强制令的纠正,但是被请求人仍需对自己的行为已经给海事请求人造成的损害承担赔偿责任,所以海事请求人可以在向海事法院申请海事强制令成功之后或者同时,依法申请财产保全以保全债务人的责任财产。②被请求人的违法或者违约行为已经开始,虽然暂时未对海事请求人的合法权益造成损害,但是海事请求人有证据证明此行为日后将对其合法权益造成损害。这种情况下,虽然被请求人的违法或者违约行为所造成的损害尚未显露,但是有证据证明损害将会发生的海事请求人仍然可以在申请海事强制令成功之后或者同时,申请财产保全。

(二)行为保全与财产保全程序上的对接

1.行为保全与财产保全程序上的不同

　　行为保全按现行法律规定在程序上有诸多不同于财产保全的特殊性。《海诉法》规定的行为保全程序与财产保全程序不同之处体现在:第一,独立性不同。财产保全是依附于诉讼程序的一种强制措施,它是诉讼或者仲裁程序的辅助性程序。诉讼财产保全是诉讼过程中作出的保全措施,而在诉前财产保全中,申请人在海事法院采取财产保全措施后30日内(扣押货物或者其他财产是15日)未提起诉讼的,海事法院应当解除财产保全。可见,财产保全程序是完全依赖于诉讼或者仲裁的。而行为保全,是相对独立于诉讼的一种强制措施。很多情况下,海事强制令是与诉讼相关联的,但是海事强制令并不总是必然与诉讼相关联。《海诉法》第61条规定:"海事强制令执行后,有关海事纠纷未进入诉讼或者仲裁程序的,当事人就该海事请求,可以向作出海事强制令的海事法院或者其他有管辖权的海事法院提起诉讼……"如果海事强制令作出后,海事请求人与被请求人都没有提起诉讼或者提交仲裁,那么这种海事强制令即成为非诉讼行为保全。第二,救济手段略有不同。根据《海诉法》第58条的规定,行为保全制度规定了复议和异议两种制度,而财产保全只规定了复议这一种制度。但是根据总则,对于财产保全措施中相关第三人有异议者仍可申请异议。第三,撤销事由不同。海事财产保全裁定作出后,有以下几种情况的应予撤销:财产保全的原因和条件不存在或者情况发生了变化。如申请人向海事法院声明放弃请求权等;被申请人提供担保的;诉前财产保全的海事请求人在法院采取财产保全措施后30日内(扣押货物或者其他财产是15日)没有进入诉讼程序或仲裁的。而海事强制令的撤销原因有两个:其一,海事强制令据已签发的海事请求消失或者情况发生变化;其二,被请求人或者利害关系人对海事法院的海事强制令裁定不服,向海事法院申请复议或者提出异议,海事法院经过审查,认为理由成立的,应当裁定撤销海事强制令。

2. 行为保全与财产保全程序上的一致

两种保全措施在管辖权上,都是向行为发生地或财产所在地海事法院提出,并独立于案件实质问题管辖权。对于申请行为保全的申请条件也可分为请求人的身份确认、证据展示和充分担保。在法院审查和救济中,笔者仍建议对行为保全也实行"分段"措施,先期裁决后如被请求人或利害关系人对裁决有异议,法院应组织听证,听证后根据双方的证据展示和争辩,法院就是否最终决定采取行为保全措施做出裁定或解除先期保全裁定。

《海诉法》第 59 条规定:"被请求人拒不执行海事强制令的,海事法院可以根据情节轻重处以罚款、拘留;构成犯罪的,依法追究刑事责任。对个人的罚款金额,为一千元以上三万元以下。对单位的罚款金额,为三万元以上十万元以下。"此处罚应适用在保全裁决的哪个阶段?是先期裁决阶段还是最终裁决阶段?笔者认为应该在最终裁决阶段。如果先期裁决阶段即未经被请求人陈述及争辩程序阶段被请求人拒不执行,法院不应强制,而应限期出庭陈述或争辩,如不出庭再作出最终裁决和进行处罚。

笔者建议,《海诉法》第 59 条应修改为:"被请求人拒不执行行为性海事请求保全措施的,海事法院可以根据情节轻重处以罚款、拘留;构成犯罪的,依法追究刑事责任。对个人的罚款金额,为一千元以上三万元以下。对单位的罚款金额,为三万元以上十万元以下。此处罚适用于保全裁决最终裁决作出之后。"

3. 程序上的对接

行为保全措施与财产保全措施应借鉴英美法系禁令做法,在有必要的情况下交叉运用,其程序上除了具体针对对象的必然不同之外,在申请、反担保、裁定、救济及解除裁定程序上完全可以适用一套程序,减少两措施交叉适用时程序上的混乱而造成的时间拖延和资源浪费,更有效地维护双方当事人的权利。

二、证据性海事请求保全措施

(一)对申请主体范围的规定

《海诉法》第 62 条规定:"海事证据保全是指海事法院根据海事请求人的申请,对有关海事请求的证据予以提取、保存或者封存的强制措施。"而第 67 条第一款规定:请求人是海事请求的当事人。有学者质疑:海事请求的当事人应该包括海事请求的请求人、被请求人和第三人,与第 62 条中"应海事请求人申请"不符,海事证据保全的申请人应该包括上述所有诉讼参与者。①笔者认为,不可否

---

① 金正佳主编:《海事诉讼法论》,大连海事大学出版社,2001 年版, 第 227 页。

认,上述两个条款确实存在表述混乱之处,但是从第 66 条"责令请求人提供担保"以及第 71 条"海事请求人申请海事证据保全错误的,应当赔偿被请求人或者利害关系人因此所遭受的损失"等其他条款中可以看出,《海诉法》中所指海事证据保全的申请人应为海事请求人而不是所有诉讼参与者。被请求人或第三人可以申请对海事请求人的证据进行保全,要看这些主体是否具有海事请求,这已经和申请人提出的证据保全不属于一起诉讼了。

所以,笔者建议,《海诉法》第 67 条第 1 款应修改为:"(一)请求人为海事请求的请求人。"

(二)海事证据保全与海事请求保全程序上的关联

海事证据保全与海事请求保全虽然是相互独立的程序,但两者往往具有密切的联系。海事证据保全常常是海事请求保全的前奏,海事请求保全是海事证据保全的发展。海事诉讼实践中,在海事证据保全之后常常紧接着海事请求保全,即通过申请海事证据保全,保全并取得了有关海事请求的证据,证明海事请求保全的相关条件,之后提出海事请求保全申请。从这一意义上讲,海事证据保全只是手段,其最终目的也是保全海事请求、实现海事请求。[①]

海事证据保全与财产保全和行为保全程序在申请条件、裁决、执行上大体相似,但有一点需要注意,即证据本身的特殊性。证据可以分为"易逝"型证据和"非易逝"型证据,对于"易逝"型证据能否采用上述一般程序? 如果说财产和行为保全措施体现了紧急性,那么"易逝"型证据的保全措施应为紧急之紧急措施。笔者建议,对于"易逝"型证据的申请应简化程序,也可不需提供担保,但是对此类证据保全申请错误的申请人要承担对被请求人的赔偿责任。对于"非易逝"型证据可采一般程序。

三、人身性海事请求保全措施

人身自由权包括公民身体自由权和公民精神自由权,其中身体自由权也称为运动的自由权,"指公民按照自己的意志和利益,在法律规定的范围内作为和不作为的权利"。尽管能否对人身自由采取执行或保全措施在我国仍未有定论,但在具备较为完善的保全制度的国家和地区,身体自由可以成为扣押的对象。如《德国民事诉讼法》规定了对人身的假扣押和假处分。《美国联邦民事诉讼规则》也规定了对人扣押的临时措施和程序。由于对人身自由进行限制是一种限制人身权、自由权等基本人权的重大强制措施,根据我国民事立法与司法实

---

① 金正佳主编:《海事诉讼法论》,大连海事大学出版社,2001 年版,第 228 页。

践,一般只适用于对妨害民事诉讼行为的制裁,而在保全程序中并无相关规定。但是随着交易流转空间的扩展、信息的发达和交通的便捷,跨国逃债现象日益严重,在保全实践中如能借鉴民事执行程序中"限制出境"措施,便能有效避免这一现象,为保全海事请求增加新的有效途径。但由于保全的临时性以及人身自由的重要性,该保全措施的审查以及适用时间、范围都应有极其严格的程序规制,谨慎使用。《中华人民共和国出境入境管理法》第 12 条第 3 款和第 28 条第 2 款规定:"有未了结的民事案件,人民法院决定不准出境的。"

海事人身保全措施是指海事法院根据海事请求人的申请,为保障其海事请求的实现,对被请求人的人身所采取的强制措施。人身保全措施同其他保全措施一样,可用于诉(仲裁)前或诉(仲裁)中,在行为保全、财产保全均无法满足海事请求人的保全请求,如不对其进行人身保全就无法执行财产保全或行为保全或会导致请求人损失的进一步扩大时方可使用。其程序应设计如下:①申请。海事请求人申请人身保全时,必须提供完整证据,即:申请人具有海事请求;被申请人对海事请求负有责任;情况紧急,不实施保全将会造成无法弥补的损失;被申请人有有意逃脱债务及法院人身控制的情形。申请人必须提供反担保。反担保数额应为请求担保数额的至少两倍。人身保全毕竟涉及人身自由,只有在申请时对证据的审查慎之又慎,且提供高于其他保全措施的反担保,才能减少申请人的盲目、轻率申请,在保全申请人海事请求的同时保证被申请人基本人身权利。②审查。海事法院除对证据初步审查外,在排除行为保全和财产保全的可能性后方可作出先期裁定。③异议。如被请求人或利害关系人对先期裁定不服或有异议,可申请复议和异议,如证据充分合理,则撤销先期裁决,否则作出保全裁决。④执行及撤销。执行人身保全措施,可由公安部门配合执行。只要满足以下两个条件之一便可解除保全:一是提供担保;二是提供日常住址,并有第三人提供财产或人身担保。

四、各类型海事请求保全措施的适用序列

在上述四类措施中,笔者认为,根据各种措施的特点及在海事请求保全中的功效和效率性,四类措施在施行时应有先后之分,即四类措施的序列排位。证据保全可以贯穿其他三种措施其中,也可贯穿于实体纠纷解决程序的任何阶段。在其他三类措施中,行为保全应该位于在前序列,如前分析,行为保全以其花费成本小、效用直接而优于财产保全措施,在海事请求人申请财产保全时海事法院应首先考虑行为保全是否能满足海事请求人的请求要求。在损害已经造成并无可弥补,且被请求人无法直接确定等情况下可采用财产保全措施。人身保全措施较之以上三种更为严厉,只能是上述保全措施均不具备可操作性或保全不能

的情况下采用。综上,笔者认为四种保全措施的序列排位如图4-1所示:

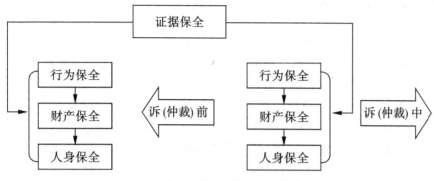

图4-1　四种保全措施序列排位

第三节　《海诉法》中海事请求保全制度的立法建议稿

第※章　海事请求保全
第一节　一般规定

第一条　相关定义

海事请求是指基于海事管辖范围内的海事事由产生的对于责任主体的要求。

海事请求保全是指海事法院根据海事请求人的申请,为保障其海事请求的实现,对被请求人的证据、行为、财产、人身所采取的强制性措施。此措施可在诉讼或仲裁前和诉讼或仲裁中采取。

海事请求保全措施是指海事法院根据海事请求人的申请,为保障其海事请求的实现,对被请求人的证据、行为、财产、人身在诉讼(仲裁)前或诉讼(仲裁)中所采取的强制性措施。

海事请求保全措施程序是指海事请求保全措施按照法定的方式和关系进行的法律行为。

海事请求保全制度是指以海事请求保全措施为主体,以保障海事请求人海事请求的实现为目标,以海事请求保全措施程序的运行为保障,以救济、效率和正义为价值追求的制度体系。

姊妹船是指对海事请求负有责任的船舶所有人、光船承租人、定期租船人或航次租船人在实施扣押时所有的其他船舶。

活扣押是指海事法院裁定对船舶实施保全后,经海事请求人同意,采取限制船舶处分或抵押等方式允许该船舶继续运营。

第二条　特性

海事请求保全是海事法院依法实施的临时性强制措施。私法自治性与公法强制性并存、程序简易性、措施临时性、措施灵活性、工具性是其主要特性。

第三条　关于管辖权的规定

(一)海事请求保全管辖权独立,独立于案件实体问题管辖权。

(二)诉前或仲裁前保全和诉中或仲裁中保全适用统一管辖权原则。

(三)财产保全措施及由此引起的其他纠纷由财产所在地海事法院管辖。

(四)行为保全措施由海事纠纷发生地管辖。一方实施行为的着手地、过程实施地、经过地、海事纠纷导致结果地均可作为纠纷发生地,但只有与行为有最密切联系的所在地海事法院有管辖权,如双方当事人的住所、营业地或船籍所在地。

(五)证据保全应由证据所在地海事法院管辖。如证据不在一地,以证据居多或关键证据所在地为管辖法院。

(六)人身保全应视保全紧急情况由被请求人当时所在地或居所或营业地法院管辖。

(七)在处理保全管辖与实体管辖冲突的问题上,依如下规定:

1. 当事人之间有诉讼管辖协议或仲裁协议的依协议;

2. 如无协议,安排如下:

在保全法院与其他有管辖权法院在与实体问题联系密切程度相等的情况下,保全法院享有优先管辖权;

如能证明其他有管辖权法院与案件实质问题关系更为密切,与案件有密切联系法院享有案件实体管辖权;其他海事法院可以"不方便法院"为由拒绝管辖。"不方便法院"有以下考量因素:

(1)原告的意图或被告的管辖权异议;

(2)当事人的住所;

(3)与海事请求保全措施相关的利害关系人及专家证人出庭的可行性及费用;

(4)取证的难易程度;

(5)其他有管辖权法院在上述因素上的优势;

(6)执行外国法院判决的可能性;

（7）法院所在地在该问题上的利害关系。①

第四条　关于措施类型的规定

海事请求保全措施分为财产性海事请求保全、证据性海事请求保全、行为性海事请求保全和人身性海事请求保全。

第五条　关于措施适用序列的规定

在第四条规定的四类保全措施中，海事证据保全可在其他三类措施中贯穿使用，其余三类措施，海事法院应按照行为保全、财产保全、人身保全的序列建议海事请求人采用。

第六条　关于海事请求的列举

"海事请求"指以下一种或一种以上事由引起的可以提起海事诉讼或申请执行海事临时性措施的请求：

（1）有关船舶所有权（占有、使用、收益、处分）或船舶按份所有或共同所有权合同和纠纷的任何请求；

（2）涉及船货优先权、留置权、抵押权、其他担保物权及无担保物权的请求；

（3）船舶买卖、租赁协议之请求；

（4）由船舶所致或船舶所承受的损害之请求；

（5）与船载货物或人员权利或费用相关之请求；

（6）与船舶运输方式（如集装箱）及运输合同相关之任何请求；

（7）由包括飞机救助在内的救助，救助报酬的分享及救助财产或其他救助物有关的任何权利产生的任何请求；

（8）拖航和引航行为及费用之请求；

（9）与船舶设计、建造、安装、使用、维修、保护、维护、检验所花费之服务或货物之供应的请求；

（10）船长、托运人、承租人、代理人或其他人为或代表船舶、船长或承租人所作的开付或支出之请求；

（11）为船舶工作之人员的酬劳、社会保障及其他福利待遇的请求；

（12）为船舶工作人员福利而成立的社团或机构相关事项之请求；

（13）共同海损主张或行为及费用分摊之请求；

（14）与海上保险相关事项之请求；

（15）船舶对环境、海岸或者有关利益方造成的损害或者损害威胁，为预防、减少或者消除此种损害而采取的措施，为此种损害而支付的赔偿，为恢复环境而

---

①　参见张湘兰主编：《海商法问题专论》，武汉大学出版社，2007年版，第148页。

实际采取或者准备采取的合理措施的费用,第三方因此种损害而蒙受或者可能蒙受的损失,以及与本项所指的性质类似的损害、费用或者损失之请求;

(16)与海上恐怖行为如海盗、破坏等相关请求;

(17)与水产养殖损害赔偿相关之请求;

(18)为拥有海事管辖权或此类法院的官员所掌管或按其指示进行的基金的分配;

(19)船坞费、港口费等相关请求;

(20)海事请求利息之请求;

(21)船东的责任限制之请求;

(22)有关海事请求的判决和裁决之请求;

(23)上述海事请求之外而为2016年《最高人民法院关于海事法院受理案件范围的规定》和2020年最高法院颁布执行的《民事案件案由规定》所指的海事法院有权行使管辖权的任何事项,或现在的海事法院有权行使管辖权的任何事项之请求;

(24)根据其性质或客体为海事或海商事项的任何其他事项之请求;

(25)涉及或产生于与上述所列任何事项,包括为确立管辖权而进行的财产扣押、担保的提供或解除的附属事项有关的任何请求的责任分担、补偿或损害赔偿之请求;

(26)此规定以后制定或生效的法律法规或海事法院行使的与船舶或水域相关的任何海事请求。

第二节　具体措施及措施程序

第七条　申请海事请求保全,应当具备下列条件:

(一)请求人有具体的海事请求或是海事请求的请求人;

(二)被请求人对海事请求负有责任;

(三)海事请求保全措施对象有可保全性;

(四)情况紧急,不立即作出保全将造成损害或者使损害扩大。

第八条　海事请求人申请海事请求保全,应当向海事法院提交书面申请、提交证据和提供反担保。书面申请包括海事请求事项、申请理由、保全标的,财产保全的还要说明要求提供担保的数额。提交的证据包括被申请人对海事请求负有责任的证据、与申请保全措施相关的信息披露,涉及人身保全的要提供被申请人有意逃脱债务及法院人身控制的证据。

第九条　海事法院可要求海事请求人提供反担保,但在情况紧急、被请求人明显处于不利地位时可对被请求人免于反担保。对于申请证据性海事请求保全,经证明证据属"易逝型"的可不要求提供担保。对于申请人身性海事请求保全时,请求人必须提供反担保。反担保数额应为请求担保数额的至少两倍。

　　第十条　海事请求人要求被请求人就海事请求保全提供担保的数额,应当与其债权数额相当,不得超过被保全的财产价值,但因被请求人未提供充分担保而引起的再次扣押的情况除外。因请求人要求担保过高而造成的错误扣船,请求人应当赔偿被请求人及利害关系人因此而遭受的损失。该损失包括:超过债权数额的额外担保部分产生的费用、船舶被不当拍卖给被请求人造成的损失、由于提供超过债权数额的额外担保部分的时间延误而造成的船舶本应释放而未得释放造成的船期损失及此延误期间船舶的给养费用以及船舶被不当拍卖后被申请人因船舶丧失而直接造成的损失。

　　海事请求人提供反担保的数额,应当相当于因其申请可能给被请求人造成的损失。具体数额由海事法院决定。

　　第十一条　海事法院收到海事请求保全申请后,应立即进行审查。审查内容包括:海事法院是否拥有管辖权、对表面证据进行初步审核、此措施对双方当事人的利害得失在平衡双方的公平的基础上给予海事请求人意见和指导。

　　第十二条　海事请求保全裁决分为两个阶段:先期阶段和最终裁决。把初步证据审核后没有经过争辩程序的保全裁决作为先期保全裁决,应在收到申请后48小时内作出,时限为10日,先期保全措施实施后应尽其所能以最快速度通知被请求人,如被请求人对先期裁定不服,可在收到先期裁决书5日内提起复议一次。

　　法院应组织复议,后根据双方的证据展示和争辩,最终决定作出保全裁定或解除先期保全裁定,但被请求人无法送达和拒绝出庭的除外。复议庭与原承办庭应由不同人员组成,允许法院指定或被请求人建议法院批准专家证人参与复议。

　　利害关系人对海事请求保全提出异议的,与上述复议程序一并进行。

　　第十三条　被请求人提供担保或按照保全裁定要求行事的,海事法院应当及时解除保全。

　　海事请求人在规定期间内,未提起诉讼或者未按照仲裁协议申请仲裁的,海事法院应及时解除保全或返还担保。

　　执行人身保全措施只需满足以下两个条件之一即可解除保全:

　　一、提供担保;

　　二、提供日常住址,并有第三人提供财产或人身担保。

　　第十四条　被请求人拒不执行行为性海事请求保全措施的,海事法院可以根据情节轻重处以罚款、拘留;构成犯罪的,依法追究刑事责任。对个人的罚款金额,为一千元以上三万元以下。对单位的罚款金额,为三万元以上十万元以下。此处罚适用于保全裁决最终裁决做出之后。

第十五条 对海事请求人申请海事请求保全错误的认定采用推定过错原则,海事请求人申请海事请求保全错误的,应该赔偿被请求人或利害关系人因此遭受的损失。

第十六条 财产性海事请求保全措施分为扣押船舶、扣押船载货物、船用燃油和船用物料。下列扣船请求,可以申请扣押船舶:

(一)船舶营运造成的财产灭失或者损坏;

(二)与船舶营运直接有关的人身伤亡;

(三)海难救助;

(四)船舶对环境、海岸或者有关利益方造成的损害或者损害威胁;为预防、减少或者消除此种损害而采取的措施;为此种损害而支付的赔偿;为恢复环境而实际采取或者准备采取的合理措施的费用;第三方因此种损害而蒙受或者可能蒙受的损失;以及与本项所指的性质类似的损害、费用或者损失;

(五)与起浮、清除、回收或者摧毁沉船、残骸、搁浅船、被弃船或者使其无害有关的费用,包括与起浮、清除、回收或者摧毁仍在或者曾在该船上的物件或者使其无害的费用,以及与维护放弃的船舶和维持其船员有关的费用;

(六)船舶的使用或者租用的协议;

(七)货物运输或者旅客运输的协议;

(八)船载货物(包括行李)或者与其有关的灭失或者损坏;

(九)共同海损;

(十)拖航;

(十一)引航;

(十二)为船舶营运、管理、维护、维修提供物资或者服务;

(十三)船舶的建造、改建、修理、改装或者装备;

(十四)港口、运河、码头、港湾以及其他水道规费和费用;

(十五)船员的工资和其他款项,包括应当为船员支付的遣返费和社会保险费;

(十六)为船舶或者船舶所有人支付的费用;

(十七)船舶所有人或者光船承租人应当支付或者他人为其支付的船舶保险费(包括互保会费);

(十八)船舶所有人或者光船承租人应当支付的或者他人为其支付的与船舶有关的佣金、经纪费或者代理费;

(十九)有关船舶所有权或者占有的纠纷;

(二十)船舶共有人之间有关船舶的使用或者收益的纠纷;

（二十一）船舶抵押权或者同样性质的权利；

（二十二）因船舶买卖合同产生的纠纷。

船载货物是指与承运人的海事请求相关，尚未装船、已经装船、已经卸载和已经交付的货物。

第十七条　有下列情形之一的，海事法院可以扣押当事船舶：

（一）船舶所有人对海事请求负有责任，并且在实施扣押时是该船的所有人；

（二）船舶的光船承租人对海事请求负有责任，并且在实施扣押时是该船的光船承租人或者所有人；船舶的期租承租人为船舶所有人，并且在实施扣押时是该船的所有人；

（三）具有船舶抵押权或者同样性质的权利的海事请求；

（四）有关船舶所有权或者占有的海事请求；

（五）具有船舶优先权的海事请求。

海事法院可以扣押对海事请求负有责任的船舶所有人、光船承租人、定期租船人、航次租船人或者集装箱位承租人在实施扣押时所有的其他船舶，但与船舶所有权或者占有有关的请求除外。

从事军事、政府公务的船舶不得被扣押。

第十八条　海事请求人不得因同一海事请求申请扣押已被扣押过的船舶或该船舶的"姊妹船"，但有下列情形之一的除外：

（一）被请求人未提供充分的担保；

（二）担保人有可能不能全部或者部分履行担保义务；

（三）海事请求人因合理的原因同意释放被扣押的船舶或者返还已提供的担保；或者不能通过合理措施阻止释放被扣押的船舶或者返还已提供的担保。

第十九条　海事请求人申请扣押当事船舶，不能立即查明被请求人名称的，不影响申请的提出。扣押其他财产和其他海事请求保全措施对象必须为海事被请求人所有或明确指向海事被请求人。

第二十条　海事法院在发布或者解除扣押船舶命令或存在其他需要有关部门协同的情形，可以向有关部门发出协助执行通知书，通知书应当载明协助执行的范围和内容，有关部门有义务协助执行。海事法院认为必要，可以直接派员登轮监护。

第二十一条　海事法院裁定对船舶实施保全后，经海事请求人同意，可以采用"活扣押"方式允许该船舶继续营运，但继续营运前海事被请求人必须保证船舶保险金额不少于提供的担保金额。此条不适用于外籍船舶。

如适用"活扣押"的条件不具备，可由海事法院指定与诉讼标的无利害关系

的法人代为管理、照料、接受、处分船舶,该法人被称作"委任管理人"。委任管理人需满足以下条件:

(1)具备相关资质和条件,能够保证受委任财产在受委任期间不受额外损失;

(2)与法院签订承诺协议,承诺做到依法规定的其他事项,具体规定由法院裁量;

(3)承担无法做到(1)(2)项时的经济赔偿和其他相关责任。

"委任管理人"同样适用于扣押船载货物。

第二十二条　诉(仲裁)前海事请求保全扣押船舶的期限为30日,采取"活扣押"方式扣押船舶的期限为60日。扣押船载货物(船用燃料、物料)的期限为15日。人身保全的期限为5日。

第二十三条　船舶扣押期间届满,被请求人不提供担保,而且船舶不宜继续扣押的,海事请求人可以在提起诉讼或者申请仲裁后,向扣押船舶的海事法院申请拍卖船舶。

第二十四条　海事法院收到拍卖船舶的申请后,应当进行审查,作出准予或者不准予拍卖船舶的裁定。

当事人对裁定不服的,可以在收到裁定书之日起5日内申请复议一次。海事法院应当在收到复议申请之日起5日内作出复议决定。复议期间停止裁定的执行。

第二十五条　海事请求人提交拍卖船舶申请后,又申请终止拍卖的,是否准许由海事法院裁定。海事法院裁定终止拍卖船舶的,为准备拍卖船舶所发生的费用由海事请求人承担。

第二十六条　海事法院裁定拍卖船舶,应当通过报纸或者其他新闻媒体发布公告。拍卖外籍船舶的,应当通过对外发行的报纸或者其他新闻媒体发布公告。

公告包括以下内容:

(一)被拍卖船舶的名称和国籍;

(二)拍卖船舶的理由和依据;

(三)拍卖船舶委员会的组成;

(四)拍卖船舶的时间和地点;

(五)被拍卖船舶的展示时间和地点;

(六)参加竞买应当办理的手续;

(七)办理债权登记事项;

(八)需要公告的其他事项。

拍卖船舶的公告期间不少于 30 日。

第二十七条　海事法院应当在拍卖船舶 30 日前,向被拍卖船舶登记国的登记机关和已知的船舶优先权人、抵押权人和船舶所有人发出通知。

通知内容包括被拍卖船舶的名称、拍卖船舶的时间和地点、拍卖船舶的理由和依据以及债权登记等。

通知方式包括书面方式和能够确认收悉的其他适当方式。

第二十八条　拍卖船舶由拍卖船舶委员会实施。拍卖船舶委员会由海事法院指定的本院执行人员和聘请的拍卖师、验船师 3 人或者 5 人组成。

拍卖船舶委员会组织对船舶鉴定、估价;组织和主持拍卖;与竞买人签订拍卖成交确认书;办理船舶移交手续。

拍卖船舶委员会对海事法院负责,受海事法院监督。

第二十九条　竞买人应当在规定的期限内向拍卖船舶委员会登记。登记时应当交验本人、企业法定代表人或者其他组织负责人身份证明和委托代理人的授权委托书,并交纳一定数额的买船保证金。

第三十条　拍卖船舶委员会应当在拍卖船舶前,展示被拍卖船舶,并提供察看被拍卖船舶的条件和有关资料。

第三十一条　买受人可为任何有条件购买船舶之人,包括海事请求人和被请求人。买受人在签署拍卖成交确认书后,应当立即交付不低于 20% 的船舶价款,其余价款在成交之日起 7 日内付清,但拍卖船舶委员会与买受人另有约定的除外。

第三十二条　买受人付清全部价款后,原船舶所有人应当在指定的期限内于船舶停泊地以船舶现状向买受人移交船舶。拍卖船舶委员会组织和监督船舶的移交,并在船舶移交后与买受人签署船舶移交完毕确认书。

移交船舶完毕,海事法院发布解除扣押船舶命令。

第三十三条　船舶移交后,海事法院应当通过报纸或者其他新闻媒体发布公告,公布船舶已经公开拍卖并移交给买受人。

第三十四条　买受人接收船舶后,应当持拍卖成交确认书和有关材料,向船舶登记机关办理船舶所有权登记手续。原船舶所有人应当向原船舶登记机关办理船舶所有权注销登记。原船舶所有人不办理船舶所有权注销登记的,不影响船舶所有权的转让。

第三十五条　竞买人之间恶意串通的,拍卖无效。参与恶意串通的竞买人应当承担拍卖船舶费用并赔偿有关损失。海事法院可以对参与恶意串通的竞买人处最高应价 10% 以上 30% 以下的罚款。

第三十六条　拍卖船舶债权人清偿顺序为:船舶优先权、船舶留置权、船舶抵押权。对船舶优先权、船舶留置权及船舶抵押权的规定依《中华人民共和国海商法》。其中《中华人民共和国海商法》第 22 条第 5 项应限定为"船舶在营运中直接造成的财产损害"。

第三十七条　除本节规定的以外,拍卖适用《中华人民共和国拍卖法》的有关规定。

⇨ 本章小结

本章内容在前述章节对海事请求保全制度的概念、价值、特性、管辖权等理论问题分析及综合比较、借鉴两大法系海事保全制度有代表性国家相关立法和实践的基础上,审视我国海事请求保全制度中存在的问题,提出对我国现行《海诉法》及部分相关司法解释的修改建议,构建我国的海事请求保全制度。

我国的财产性海事保全措施主要包括扣押船舶和扣押船载货物。笔者认为,船舶扣押是海事法院根据扣船请求人的申请而实施的对船舶滞留或相关权利限制的强制性措施。在可扣押船舶范围、扣押姊妹船、南非关联船制度、再次扣船、错误扣船归责原则、船舶扣押程序、扣押船载货物等方面作出了具体的立法建议。行为性海事请求保全措施、证据性海事请求保全措施及人身性海事请求保全措施虽各有特点,但是在措施目的及程序上与财产性海事请求保全措施具备逻辑上的统一和程序上的一致性,应归入海事请求保全体系。对上述四种措施,笔者作出了适用序列的建议。

最后,本章综合前述章节的分析阐述,从海事请求保全制度的概念、特性、管辖权、措施序列等方面对我国《海诉法》中的海事请求保全制度作出了一般规定的立法建议,并对具体措施和程序作出具体立法建议。

结　语

自 14 世纪海事法院在英格兰出现以来,海事请求保全制度在海事诉讼法中就扮演了重要角色。作为一种海事临时性救济方式,海事请求保全制度经历了从古老的英国海事法到当今各国具有体系性、完整性的海事立法的发展历程。作为海事诉讼程序法的重要组成部分,它不仅具有坚实的理论基础,还有具体而重要的现实需要;作为海事请求人寻求紧急救济的手段,该制度既体现了当事人主义的私法自治性,又体现了司法机关公力救济的强制性。

由于缺乏对该制度的整体性理解与把握,在我国现行的《海诉法》及其司法解释中,海事请求保全仅仅局限于财产保全,其他类型的保全措施则由于散落于体系之外而无法与财产保全措施搭配调节,有机互动。各类保全措施无论从理论设计还是程序利用上,都显得单薄、零散、重复、体系性差,无法满足简易、快速解决复杂多样的海事请求保全案件的需求。在理论上,构建完善的海事请求保全制度,包括制度内各概念的厘定、价值目标的设定、程序的设计等,同样是一个复杂的系统工程。要想制定出符合我国国情的海事请求保全制度,在充分借鉴域外先进经验的基础之上,不容忽视甚至更为重要的考量是我国的海事实践。

本书通过理论分析和司法实践分析,形成下列结论性认识:

我国的海事请求保全制度是以我国海事实践为现实基础,以广义涉海、船、事即与海域和航海相关的一切事务的海事请求进行的诉(仲裁)前、诉(仲裁)中保全为概念基础,以民法为理论给养,以英美法相关制度和国际公约为制度借鉴,以私法自治性与公法强制性并存、简易性、临时性、灵活性、工具性作为海事请求保全制度的主要特性,以在实现最大效率的同时实现最大正义为价值目标的理论体系。

海事请求保全措施可分为海事财产保全、海事行为保全、海事证据保全和海事人身保全。海事请求保全管辖权冲突主要涉及保全管辖和实体管辖的关系处理,海事请求保全管辖作为非实体管辖,其与实体管辖的关系可以概括为:如果当事人双方无协议管辖,保全法院与案件实质问题有密切联系且海事被请求人无管辖权异议或提出的管辖权异议无合理根据,保全法院因行使非实体管辖权而取得实体管辖权;如果保全法院与案件实质问题无密切联系,且存在另一个与案件有更加密切联系的法院可以作出更合理和公平的判决,该保全法院可以"不方便法院"为由拒绝管辖;如果保全法院认为与案件实质问题有密切联系,但是被请求人提出管辖权异议,法院应该进行审查,如果管辖权异议成立则仍然可以"不方便法院"为由拒绝管辖,如不成立,则实施管辖。海事请求保全管辖权原则应为:当事人意思自治原则、扣押地法院管辖权原则、"不方便法院"原则及有利于判决的执行原则。这些也是构建我国海事请求保全管辖权的根据。

在财产性海事保全措施中,英美法系的执行模式可分为对人诉讼和对物诉讼两类,而大陆法系只认可对人诉讼。英美法系国家非常重视海事优先权,甚至美国的海事请求均受海事优先权保护而将海事优先权分为"优先船舶优先权"和"合同船舶优先权"。除英美法系和大陆法系的对物扣押令和海事扣押令外,有些国家还有"委任接管"这一措施,与财产扣押要求提供担保不同,这一措施更倾向于促使双方的和解。在财产性海事请求保全措施中不能忽视的是法院的自由裁量,对于法律不能穷尽的其他更加灵活方便、及时有效的措施,应赋予法官采取其他措施的权利。在行为性海事请求保全措施中,马瑞瓦禁令已成为英国和其他英联邦国家法律程序(包括海事法律程序)固定的一部分。假处分是大陆法系的行为保全措施,其与马瑞瓦禁令的区别是其保全的对象为非金钱性请求。证据保全措施的实施程序与行为性保全措施并无太大差异,证据保全的禁令主要是安东·皮勒令。此命令同样适用于海事领域。人身扣押具有特殊性,对于临时性人身保全措施,世界各国相关规定很少,即使有法律规定,在实践中的应用也不及其他措施。在英美法系和大陆法系主要国家的海事请求保全措施中,申请人信息披露制度、禁令的先期裁决制度、委任官接管制度等可为我国借鉴。

在我国海事请求保全制度中,财产性海事保全措施主要包括扣押船舶和扣押船载货物。在可扣押船舶范围上,船东作为实际承运人的情况下是可以扣押期租当事船的。在扣押姊妹船问题上,我国《海诉法》对姊妹船的扣押范围作了封闭式的规定,在新的运输形式出现并已广泛应用的情况下,对于集装箱箱位租船合同的租船人也应并入可扣押姊妹船的范围内。针对南非关联船制度,应采取下列对策:在签订租约或其他涉及船舶运输合同时,约定管辖权条款,排除南非法院管辖;如果在南非法院诉讼,实体法适用外国法而不适用中国法时,要积极举证,不能因准备不充分而丧失利用中国国内相关法律证明两个被"关联"的船舶不属于同一所有人,从而打破"联系"的机会。对于再次扣船,《海诉法》第24条"被请求人未提供充分的担保"可再次扣船的规定应该保留,不必增加《1999年扣船公约》的但书部分,而《海诉法》第76条的规定作为担保的原则性规定也没有问题,毕竟重复扣船是作为例外出现的,但后面可增加"第24条第1项规定除外"。能否针对同一海事请求扣押已被扣船舶的姊妹船,《海诉法》第24条未作规定。对姊妹船的再次扣押不存在例外之处,应归于其中。错误扣船归责原则采用推定过失原则比较合理。在船舶扣押程序上,海事请求人申请扣押船舶的条件为:一是资格确认,二是证据展示,三是担保充分。在船舶扣押中,法院与海事请求人的关系应该处于一种"被动积极"的状态,除表面审查外,法官还应考虑此扣船措施对双方当事人利害得失的影响,本着对双方当事人都负责的态度,从专业和经验的角度给予一定的指导,不应仅考虑扣船措施这单一环节,而应综合考量案件全貌和司法资源的配置,给予海事请求人扣或不扣的意见和指导。在复议程序上,复议庭与原承办庭由不同人员组成,使先期裁定权与复议权相分离,允许法院指定专家、证人参与复议。当"活扣押"条件不具备时建议采用"委任接管人"措施,产生"将扣押损失减到最低和对双方当事人及法院俱有利"的共赢局面。此措施同样适用于扣押船载货物。船载货物应是指与承运人的海事请求相关,尚未装船、已经装船、已经卸载和已经交付的货物。扣押船载货物时,申请扣货的条件应为:申请人具有海事请求;被申请人对海事请求负有责任;情况紧急,不立即申请船载货物保全将会使申请人权益遭受难以弥补的损害或使损害扩大。行为性海事请求保全措施、证据性海事请求保全措施及人身性海事请求保全措施虽各有特点,但是在采取措施的目的及程序上与财产性海事请求保全具备逻辑上的统一和程序上的一致性,应归入海事请求保全体系。对上述四种措施,其适用序列为:证据保全可以贯穿其他三种措施其中,也可贯穿于实体纠纷解决程序的任何阶段;行为保全应该位于在前序列;在损害已经造成并无可弥补,且被请求人无法直接确定等情况下可采用财产保全措施;人身保全措施较之以上三种更为严厉,只能是上述保全措施均不具备可操作性或保全不能的情况下采用。

　　海事请求保全制度的构建要与《海诉法》《海商法》以及 2024 年实施的新修订的《民事诉讼法》等相关法律相协调，要体现出与立法和司法实践的契合与关联，更要实现对法环境和法规范的超越与拓展，朝着"实现更大效率的同时实现更大正义"的立法目标迈进。在此意义上，先进性和系统性海事请求保全制度的构建道路仍旧艰辛而漫长。

参考文献

（一）著作类

[1] 邢海宝. 海事诉讼特别程序研究[M]. 北京:法律出版社,2002.

[2] 韩立新,袁绍春. 海事诉讼与仲裁[M]. 大连:大连海事大学出版社,2007.

[3] 袁雪. 海事诉讼与仲裁法[M]. 北京:科学出版社,2019.

[4] G. 吉尔摩,C. L. 布莱克. 海商法[M]. 杨召南,等译,北京:中国大百科全书出版社,2000.

[5] 沈达明. 比较民事诉讼法初论[M]. 北京:中国法制出版社,2002.

[6] 杨良宜. 禁令[M]. 北京:中国政法大学出版社,2000.

[7] 李守芹. 海事诉讼与海事法[M]. 北京:人民法院出版社,2007.

[8] 李海. 船舶物权研究[M]. 北京:法律出版社 2002.

[9] 司玉琢. 国际海事立法趋势及对策研究[M]. 北京:法律出版社,2000.

[10] 李旺. 国际民事诉讼法[M]. 北京:清华大学出版社,2003.

[11] 中国民事诉讼法研究会. 民事程序法研究:第 10 辑[M]. 厦门:厦门大学出版社,2013.

[12] 张湘兰. 海商法[M]. 武汉:武汉大学出版社,2008.

[13] 威廉. 泰特雷. 国际私法冲突:普通法、大陆法及海事法[M]. 刘兴莉,译. 北

京:法律出版社,2003.

[14]让·文森,雅克·普雷沃.法国民事执行程序法要义:强制执行程序法要义
[M].罗结珍,译.北京:中国法制出版社,2002.

[15]张茂.美国国际民事诉讼法[M].北京:中国政法大学出版社,1999.

[16]张丽英.海商法[M].北京:中国政法大学出版社,2015.

[17]丹宁.法律的正当程序[M].李克强,杨百揆,刘庸安,译.北京:法律出版
社,1999.

[18]孙劲.美国的外国法院判决的承认与执行制度研究[M].北京:中国人民公
安大学出版社,2003.

[19]饶中享.海事应用法学研究[M].武汉:湖北人民出版社,2004.

[20]金正佳.海事诉讼[M].大连:大连海事大学出版社,2001.

[21]张湘兰.海商法问题专论[M].武汉:武汉大学出版社,2007.

[22]向明华.海事法要论[M].北京:法律出版社,2009.

[23]威廉·太特雷.国际海商法[M].张永坚,译.北京:法律出版社,2005.

[24]朱莉.管辖权、法律选择方法与规则的经济学分析[M].北京:法律出版
社,2008.

[25]李守芹.海事诉讼与海事法[M].北京:人民法院出版社,2007.

[26]贺万忠.国际海事诉讼法[M].北京:世界知识出版社,2009.

[27]李守芹,李洪积.中国的海事审判[M].北京:法律出版社,2002.

[28]金彭年.海事诉讼特别程序与海事仲裁规则[M].北京:法律出版社,2015.

[29]司玉琢.海商法专论[M].北京:中国人民大学出版社,2007.

[30]英国民事诉讼规则[M].徐昕,译.北京:中国法制出版社,2000.

[31]张丽英.船舶扣押及相关法律问题研究[M].北京:法律出版社,2009.

[32]杨树明.民事诉讼法·海事诉讼特别程序篇[M].厦门:厦门大学出版
社,2008.

[33]胡正良.海事法[M].北京:北京大学出版社,2009.

[34]赵汝琨.中华法学大辞典[M].北京:中国检察出版社,2003.

[35]司玉琢.海商法大辞典[M].北京:人民交通出版社,1998.

[36]日本新民事诉讼法[M].白绿铉,译.北京:中国法制出版社,2000.

[37]Stephen N Subrin, Martha L Minow, Mark S Brodin, Thomas O Main.民事诉
讼法:原理、实务与运作环境[M].傅郁林,译.北京:中国政法大学出版
社,2004.

[38]郭瑜.海商法的精神:中国的实践和理论[M].北京:北京大学出版
社,2005.

[39]唐力.民事诉讼构造研究:以当事人与法院作用分担为中心[M].北京:法律出版社,2006.

[40]王沐昕,仲磊.中国海商法操作实务与典型案例解析[M].北京:法律出版社,2008.

[41]王璟.商法特性论[M].北京:知识产权出版社,2007.

[42]范健,王建文.商法的价值、源流及本体[M].北京:中国人民大学出版社,2007.

[43]徐国栋.民法基本原则解释:成文法局限之克服[M].北京:中国政法大学出版社,2001.

[44]理查德·A.波斯纳.法律的经济分析[M].蒋兆康,译.北京:法律出版社,2012.

[45]约翰·罗尔斯.正义论[M].何怀宏,译.北京:中国社会科学出版社,2009.

[46]谷口安平.程序的正义与诉讼[M].王亚新,译.北京:中国政法大学出版社,2002.

[47]齐树洁.民事程序法[M].厦门:厦门大学出版社,2006.

[48]冈田朝太郎,松冈义正,小河滋次郎,等.检察制度[M].北京:中国政法大学出版社,2003.

[49]孙光.海事诉讼典型热点案件与审判方法[M].北京:法律出版社,2014.

[50]汉斯-约阿希姆·穆泽拉.德国民事诉讼法基础教程[M].周攀,译.北京:中国政法大学出版社,2000.

[51]关正义.扣押船舶法律制度研究[M].北京:法律出版社,2007.

[52]金正佳.海事诉讼法论[M].大连:大连海事大学出版社,2001.

[53]徐卉.涉外民商事诉讼管辖权冲突研究[M].北京:中国人民大学出版社,2001.

(二)论文类

[1]雷·沃西·坎贝尔,埃伦·克莱尔·坎贝尔,张凤鸣,等.美国民事诉讼之证据开示制度[J].中国应用法学,2020(3):191-202.

[2]熊继宁.正义与法律[J].首都师范大学学报(社会科学版),2017(1):41-54.

[3]徐正铨,郑祥福.罗尔斯正义理论视域中的优先问题[J].天津社会科学,2020(4):64-69.

[4]张湘兰,张辉."入世"与中国海运服务贸易法律制度[J].武大国际法评论,2003(1):209-239.

[5]黄文艺.比较法视域下我国民事保全制度的修改与完善[J].比较法研究,

2012(5):67-77.

[6]周翠.行为保全问题研究:对《民事诉讼法》第100-105条的解释[J].法律科学(西北政法大学学报),2015,33(4):92-106.

[7]李晓枫,郭萍.评析《民事诉讼法》中行为保全制度的立法突破与不足[J].法律适用,2015(6):71-75.

[8]刘兴莉.定期租船合同下承运人识别问题研究[J].中山大学学报(社会科学版),2002(1):143-150.

[9]杨树明,南海燕.南非关联船舶制度中的"控制"因素分析及我国的应对[J].河北法学,2009,27(6):73-77.

[10]倪学伟.南非"关联船舶"扣押制度初探:从"乐从"在南非遭遇扣押说起[J].珠江水运,2008(2):44-46.